山东省社会科学规划研究项目(11DJJJ08)：
基于经济周期的金融服务业资产配置与资本效率研究

山东省教育厅人文社会科学研究项目（J11WG16）：
保险公司动态资产配置风险管理

保险公司动态资产配置

倪莎 著

中国社会科学出版社

图书在版编目（CIP）数据

保险公司动态资产配置／倪莎著 . —北京：中国社会科学出版社，
2016.5

ISBN 978 - 7 - 5161 - 7146 - 2

Ⅰ.①保… Ⅱ.①倪… Ⅲ.①保险公司—资产管理—研究—
中国 Ⅳ.①F842.3

中国版本图书馆 CIP 数据核字（2015）第 283362 号

出 版 人	赵剑英	
选题策划	刘　艳	
责任编辑	刘　艳	
责任校对	陈　晨	
责任印制	戴　宽	

出　　版	中国社会科学出版社	
社　　址	北京鼓楼西大街甲 158 号	
邮　　编	100720	
网　　址	http://www.csspw.cn	
发 行 部	010 - 84083685	
门 市 部	010 - 84029450	
经　　销	新华书店及其他书店	

印　　刷	北京明恒达印务有限公司	
装　　订	廊坊市广阳区广增装订厂	
版　　次	2016 年 5 月第 1 版	
印　　次	2016 年 5 月第 1 次印刷	

开　　本	880×1230　1/32	
印　　张	7.375	
插　　页	2	
字　　数	205 千字	
定　　价	46.00 元	

凡购买中国社会科学出版社图书,如有质量问题请与本社营销中心联系调换
电话:010 - 84083683

目　录

第一章　绪论

第一节　研究背景

截至 2014 年 11 月底，中国保险业总资产首度突破 9.8 万亿元（人民币，下同）大关，达到 98318.90 亿元，较年初增长 18.62%（见表 1.1），其中净资产 11403.33 亿元，较年初增长 34.56%。资金运用余额 89478.79 亿元，占总资产的 91%。其中：银行存款 24906.73 亿元，占比 27.84%；债券 35958.78 亿元，占比 40.19%；股票和证券投资基金 9555.49 亿元，占比 10.68%；其他投资 19057.79 亿元，占比 21.29%（见图 1.1）。因此，保险公司的资产管理显得日益重要。

表 1.1　　2012—2014 年我国保险公司各险种原保费收入

增长情况与保险业总资产　　　　单位：亿元、%

时间	2014 年 1—11 月		2013 年		2012 年	
项目	原保费收入	同比增长	原保费收入	同比增长	原保费收入	同比增长
财险	6774.23	16.05	6481.16	17.2	5330.93	15.44
人身保险	11940.41	18.82	10740.93	7.86	10157.00	4.48
合计	18714.76	17.80	17222.24	11.2	15487.93	8.01
保险业总资产	98318.90		82886.95		73545.73	

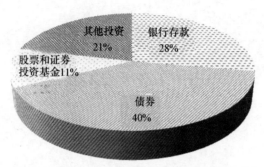

图 1.1　我国保险资产投资构成（2014 年 11 月）

数据来源：保监会网站

目前，我国保险公司资产管理多采用静态分析方法，这与我国 2003 年颁布的《保险公司偿付能力额度及监管指标管理规定》对偿付能力监管要求有关，该规定对保险公司的偿付能力采用静态监管，如第四条规定：

财产保险公司应具备的最低偿付能力额度为下述两项中数额较大的一项：

（一）最近会计年度公司自留保费减营业税及附加后 1 亿元人民币以下部分的 18% 和 1 亿元人民币以上部分的 16%；

（二）公司最近 3 年平均综合赔款金额 7000 万元以下部分的 26% 和 7000 万元以上部分的 23%。

综合赔款金额为赔款支出、未决赔款准备金提转差、分保赔款支出之和减去摊回分保赔款和追偿款收入。

经营不满三个完整会计年度的保险公司，采用本条第（一）项规定的标准。

在这样的监管要求下，我国保险公司多采用"资产＝负债＋所有者权益"的线性模型，计算过程为：

认可资产（1）

认可负债（2）

实际偿付能力额度（3）＝（1）－（2）

最低偿付能力额度（4）

偿付能力溢额（5）＝（3）－（4）

偿付能力充足率（6）＝（3）／（4）

在此基础上，我国保险公司多倾向于事后调整，采用静态资产负债管理手段，如现金流匹配、久期匹配、免疫技术等。

保监会制定的《保险公司偿付能力监管规定》第九条明确规定：

第九条〔动态偿付能力测试要求〕保险公司应当按照中国保监会的规定进行动态偿付能力测试，对未来规定时间内不同情形下的偿付能力趋势进行预测和评价。

《保险公司偿付能力监管规定》第二十二条规定：

第二十二条〔管理性质和内容〕偿付能力管理是保险公司的综合风险管理，影响公司偿付能力的因素都应当纳入公司的内部偿付能力管理体系。保险公司偿付能力管理体系包括：

（一）资产管理；

（二）负债管理；

（三）资产负债匹配管理；

（四）资本管理。

从《保险公司偿付能力监管规定》中可以看出，首先，资产管理是保险公司偿付能力管理的一个重要方面，也是保险公司资产负债管理的一个重要组成部分；其次，我国保险公司偿付能力管理正在从静态向动态转变，从事后调整走向事前预测。相应地，作为保险公司偿付能力管理体系重要组成部分的资产管理也应该从静态走向动态。

实际上，为我国保险公司解决动态资产管理问题，不仅能够满足保监会对动态偿付能力测试的要求，还能推进保险公司全面风险管理水平的提高，在当前全球金融危机背景下，为我国保险公司的动态风险管理提供可行的思路与技术方法。

第二节　研究目的与意义

一　本书的研究目的

探索适合我国保险公司客观情况的动态资产管理模式。在对保险公司的风险进行分析研究的基础上，确定关键风险，并对关键风险进行定量分析，将影响保险公司经营管理的风险因素纳入整合模型中，通过调整各因子变化的情况，对相关资产管理目标进行测算，从而对资产配置过程中的不确定变化动态地加以衡量与控制。

二　本书研究的理论意义

保险公司可分为寿险公司与非寿险公司。两者资产管理的共同点是：保费资金具有明显的负债性，其运用要受负债约束；资金来源广泛，对资金流动性要求较高，对资金安全性的要求高于收益性。不同点在于：寿险公司现金流相对稳定，多为长期业务现金流,因此资产配置可适当考虑购买长期资产;非寿险公司现金流多为短期业务,并且波动性较大,因此资产配置注重流动性和安全性。实际上,保险公司经营风险与经营业绩好坏不仅来自于经营保险业务本身,同时也与保险公司自身资产管理水平有关。

1. 研究保险公司的资产配置有利于保险市场与资本市场的良性互动

保险公司是金融机构之一,是金融市场的重要组成部分。随着我国保险业的不断发展,保险资产总额日益扩大。研究保险公司的资产配置问题对于我国资本市场的稳定和发展具有深远的意义:一方面,资本市场的投资工具有利于改善保险企业依赖大量银行存款获得收益的局面,可以获得更多的投资工具选择,从而推动保险企业的长期稳定发展;另一方面,保险资金的长期性、稳定性和巨额数量,决定了保险公司作为机构投资者,在增加资本市场的资金供给、提高资本市场的资源配置效率、培育机构投资者的投资理念、促进资本市场的金融创新和深化等方面对资本市场的稳定和发展起到积极的促进作用(李国安,2001),这反过来又会给保险资金运用创造良好的投资环境,实现保险市场与资本市场的良性互动(见图1.2)。

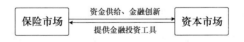

图1.2　保险市场与资本市场的互动关系

2. 研究保险公司的资产配置有利于改善保险公司的经营状况

现代保险业的一个重要特征是保险承保业务与保险资金运

用业务并重。保险企业资产配置的收益水平直接影响公司的经营状况。特别是随着保险业经营竞争的加剧以及保险服务水平的不断提高，保险经营的承保利润已呈下降趋势，保险资产配置绩效成为影响保险公司经营利润高低的重要因素。保险承保业务的增加可以筹集更多的资金以便资金运用，而保险公司的资产配置收益不仅可以增强保险公司的资本实力，也为承保业务的开展创造了有利条件，承保业务的发展又进一步增加投资业务的资金来源，从而实现承保业务与投资业务的良性互动，如图 1.3 所示。

图 1.3　承保业务与资产配置的互动关系

3. 研究保险公司的资产配置有利于提高保险公司的偿付能力

由于保险业承担着风险分摊和损失补偿等职能，保险资金有着强烈的投资冲动。资本市场上多种多样的投资工具和丰富的投资组合为保险公司提供了更多不同性质、不同期限、不同利率的投资品种，扩大了保险公司资产与负债的匹配空间，满足了不同情况下负债对资产的匹配性要求。保险资产配置管理有利于保险企业提高投资收益，降低投资风险，增强保险公司的偿付能力。

目前，我国对保险公司风险控制的重要手段——保险公司偿付能力监管正在从静态向动态转变，相应地，保险公司对资产管理也应该采用动态手段。

国内的研究学者多针对寿险公司运用传统资产管理理论进

行资产配置研究，目前还没有采用动态财务分析技术针对我国
保险公司进行动态资产管理的系统研究，本书填补了这一空
白，具有较为重要的理论和现实意义。

三 实际应用价值

为我国保险公司建立动态风险控制体系提供一个可行的思
路，帮助我国保险公司应对我国保监会对保险公司动态偿付能力
监管的要求，为保险公司建立动态资产管理体系提供参考思路。

第三节 基本概念界定

一 资产配置

资产配置（Asset Allocation），又称投资规划（Investment
Policy），是假定在风险中性资本市场（Neutral Capital Market）
条件下，投资者应该如何在几大类不同类型的资产之间进行投
资选择的决策。风险中性资本市场状态表明资产类型的收益预
期与资产类型的估算风险大体上相匹配，资产价格既没有被高
估也没有被低估。

关于资产配置的研究最早可以追溯至 1952 年哈里·M. 马
科维茨（Harry M. Markowitz）开创的投资组合选择理论
（Portfolio Selection）。所谓投资组合选择，简而言之，就是把
财富分配到不同的资产中，以达到分散风险、确保收益的目
的，其消除的主要是非系统风险。

（一）积极的资产配置策略与消极的资产配置策略

尤金·法玛（Eugene F. Fama, 1970）提出的有效市场假
说（Efficient Markets Hypothesis, EMH）认为，在一个有效市
场上，股价已反映了所有已知的信息，它的变动应是随机且不

可预测的，资本市场可以分为弱式有效市场、半强式有效市场和强式有效市场。对于资本市场有效性的争论引起了在投资决策中实施何种资产配置策略的分歧。

1. 消极的资产配置策略

消极的资产配置策略通常是"购买并持有"（Buy and Hold），该策略是以有效市场理论为基础，认为在市场有效的假设下，没有人能够准确预测市场，也没有人能够比他人更具有优势，投资者都面对同一条马科维茨有效边界。因此，投资者只能通过组合分散投资来规避非系统风险，从而趋近于有效边界，在不损害收益的情况下有限地降低风险，或通过指数化投资来构造市场组合，获得市场平均收益。要想提高收益，就要承担更大的风险，而既想承担较小的风险又想获得超额收益是不可能的。

2. 积极的资产配置策略

与消极的资产配置策略建立的基础相反，积极的资产配置策略是建立在市场非完全有效的基础上，认为市场的无效使证券的未来趋势成为可预测的，而且投资者应该充分利用和挖掘这种无效，来获得竞争优势。在无效市场假设下，每个投资者都面对不同的有效边界，并努力将自己的有效边界从整体上向此方向推进，从而获得竞争的绝对优势，并取得超额收益。

积极的资产配置过程包括对于经济周期、行业周期的判断和资产配置模型的选择，另外也包括在市场运行过程中进行动态的资产调整①。

----

① ［美］兹维·博迪、亚历克斯·凯恩、艾伦·J. 马库斯：《投资学》（第五版），朱宝宪、吴洪、赵冬青译，机械工业出版社2003年版，第100—110页。

值得注意的是，近年来一些积极的资产配置技术在实践中获得了成功的应用，因此当前无论是在理论界还是在实践界，积极的资产配置技术都受到更多的关注，特别是随着金融市场复杂性的增强，投资者如何通过积极调整投资组合来平衡风险和收益已成为金融研究的热点问题。

（二）战术资产配置与战略资产配置

1. 战术资产配置

战术资产配置（Tactical Asset Allocation，TAA），指的是运用一些工具，调整证券投资组合，以使短期内投资收益高的资产具有更大的投资权数。它重在强调短期投资，通过减少收益低的资产的权数来降低风险，以增加基金投资组合的短期超额收益，反映了基金公司的短期投资决策。其目标针对单一市场，如股票投资于不同的板块，债券投资于不同的时期，以及选择具体的某些证券构成投资组合，进行日常的操作。

2. 战略资产配置

战略资产配置（Strategic Asset Allocation，SAA），也叫资产类别配置，旨在通过对风险的管理来实现对长期资产收益的管理。长期投资的资产组合目的在于使证券组合的收益波动性风险与投资者的风险厌恶程度相匹配。该资产配置方法假定证券市场在短期内是不可预测的。其目标主要是针对不同的金融市场进行资产配置，如股票市场、债券市场、期货市场、外汇市场等，以控制投资组合的整体风险和实现基金投资计划的长期目标，反映了基金公司的长期投资决策。

（三）静态资产配置和动态资产配置

1. 静态资产配置

静态资产配置（Static Asset Allocation），是指在期初开始确定投资组合各部位比例之后，在往后的时间内一直采用同样的组合种类与比重来做资产配置。静态资产配置常见的策略有定期调整策略（Regular Rebalance）和购买并持有策略。两者最大的差别在于：买入并持有策略一旦投资，就不再进行风险管理，一直持有，获得投资长期平均收益；定期调整策略则是对投资期间进行分期处理，在每一个投资期间开始调整投资策略，然后坚持持有。

2. 动态资产配置

动态资产配置（Dynamic Asset Allocation），是根据资本市场环境及经济条件对资产配置状态进行动态调整，从而增加投资组合价值的积极的资产配置战略。动态资产配置过程如图1.4 所示。

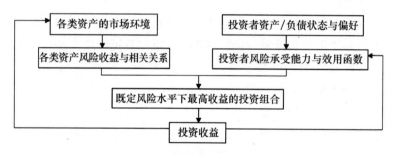

图 1.4　动态资产配置过程示意图

实际上，动态资产配置介于上述战术资产配置和战略资产配置之间。它既不关注短期内市场的动态，也不将资产锁定在某种配置组合中。它针对特定投资者，在特定的投资时点上计算出最优的长期战略性资产配置，然后随证券市场的变化及投资者风险厌恶程度的变化而做出调整。可以说，动态资产配置是一系列滚动式的战略资产配置。二者不同之处在于：战略资产配置强调投资年限内平均而言最优的资产组合，而动态资产配置强调的是特定时点最优的资产组合。

实际上，传统的投资组合选择理论与战术资产配置的概念外延基本相同，两者都是基于单期相对静态。而战略资产配置和动态资产配置属于多期动态配置，是本书研究的重点内容。

二　动态财务分析

美国财产和意外险精算师协会（Casualty Actuarial Society，CAS）对动态财务分析（Dynamic Financial Analysis，DFA）所下的定义为：公司在面对许多可能的情境下，用以规划公司财务结果的一种财务模拟系统方法，通过动态财务分析来显示公司在内部或外在条件改变的情况下，其改变对公司的财务结果有何影响①。

动态财务分析技术最初被用于保险公司资产负债管理，这是由于虽然保险公司与银行等金融机构一样，也属于负债经营企业，但是保险公司的资产、负债与银行业相比存在诸多不同，因此保险业的资产负债管理体现出自身的特点。动态财务分析作为一种较为复杂和先进的资产负债管理技术，已经受到越来越多的关注。实际上，动态财务分析技术可以综合运用各种模型技术手段，将已经成熟的风险管理模型纳入动态财务分析模型当中，形成一个动态分析系统。目前，动态财务分析已经成为国外产险和意外险公司经营和风险管理中对整个企业进行模拟分析的广泛应用的工具和模型。

动态财务分析实际上是一种资产负债管理形态，它可以使保险公司在各种不同的情景下对其日后的发展方向进行评

① DFA handbook. http://www. casact. org/pubs/forum/96wforum/96wf001. pdf.

估，也可以使保险公司对不同的策略变化做出反应，以修正其对未来的期望。动态财务分析在运用上主要采用随机模拟的方法，将外在经济条件和内部各项业务之间的相互关系整合在一起，对各策略下公司的经营状况提供一个可能结果的概率分配，而非以往静态模型下一个单一预测值的估计①②③。因此，动态财务分析有较广泛的应用范围，如曼戈和马尔维（Mango and Mulvey，2000）提出，动态财务分析可被运用于下列几种策略：（1）评估再保险计划方案的选择；（2）决定最佳化的资产配置；（3）评估公司的资本结构、资本充足性和配置技巧；（4）为在公司层级再保费用的分配或者营业部门的投资收益方面提供一个更为精确的平台④。

动态财务分析的核心是根据整体经济环境情况和保险企业的具体实务，在未来可能发生的各种经济环境下进行情景测试，通过大量的模拟，描绘出未来一段时间内在各种情景下保险企业的发展状况和风险；同时，动态财务分析还可以对保险公司的各种策略进行模拟和检验。因此，保险企业在不同情景

---

① D'Arcy S P, Gorvett R W, Herbers J A, et al. Building a Public Access PC – Based DFA Model ［J］. Casualty Actuarial Society Forum, 1997, 2：1 – 40.

② D'Arcy S P, Gorvett R W, Hettinger T E, Walling R J. Using the Public Access DFA Model：A Case Study ［J］. Casualty Actuarial Society Forum, Casualty Actuarial Society, 1998：53 – 118.

③ 罗依雯:《以动态财务分析作为产险业的早期预警系统》,《风险管理学报》2003 年第 5 卷第 2 期。

④ Mango D F, Mulvey J M. Capital Adequacy and Allocation Using Dynamic Financial Analysis ［J］. Casualty Actuarial Society Forum, Summer 2000 Edition, Including the Dynamic Financial Analysis Call Papers, Casualty Actuarial Society, 2000：55 –75.

和不同策略下的财务状况和风险在动态财务分析下被基本测定，从而为保险企业进行决策提供有用的信息。需要强调的是，动态财务分析的主要目标在于为管理者提供决策信息，而并非仅仅预测公司未来的经营情况。

动态财务分析的基本目标有两个，即最大化股东价值和保障客户价值。在此基础上，动态财务分析还可以应用于：（1）战略资产配置；（2）资本配置策略制定；（3）市场策略制定和评估；（4）经营表现的评估；（5）定价决策；（6）产品设计；（7）再保险计划方案评估等。本书研究动态财务分析技术的目的在于将其用于保险公司战略资产配置方面。

第四节　本书框架和研究内容

一　本书研究框架

本书研究思路为：第一步，明确概念；第二步，对保险公司的资产配置技术进行文献整理；第三步，从社会福利保险公司存在的必要性和金融深化角度分析保险资产配置与资本市场的互动关系；第四步，从保险公司利润形成和经营过程等方面对其面临的风险进行全面分类分析，找出影响资产配置的关键风险；第五步，对关键风险进行模拟，建立适合我国国情的随机情景发生器；最后在前面分析的基础上建立基于条件风险价值（Conditional Value at Risk，CVaR）和负债约束的多阶段资产配置模型，并采用某上市公司的数据进行模拟计算。本书的研究框架如图1.5所示。

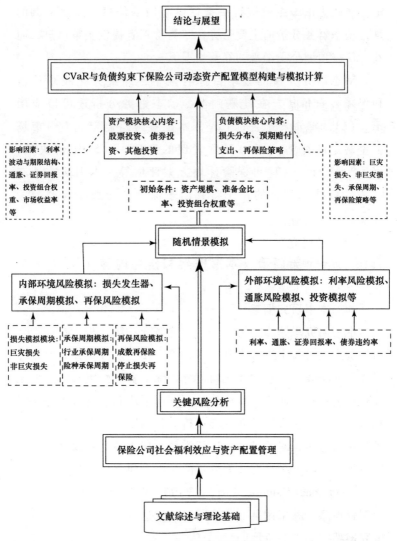

图 1.5　本书研究框架

二　本书主要研究内容

本书分为八章，其中第四章到第七章是本书的主体部分，各章研究的主要内容如下。

第一章　绪论

绪论部分提出本书研究的问题——保险公司动态资产管理，以及研究目的、研究意义。对本书涉及的基本概念，如资产配置、动态财务分析等进行了概念界定，然后对本书主要的研究内容、采取的研究方法和所做的研究工作进行了概括。

第二章　文献综述与理论基础

在文献综述部分，主要回顾了保险公司资产配置的相关研究成果以及研究进展，重点对动态财务分析的方法进行了理论综述，在对现有技术进行比较总结的基础上，指出下一步研究的理论基础和主要研究方向。

第三章　保险公司的本质与保险公司资产配置

本章从宏观角度分析保险企业存在的必要性以及保险公司资产配置与资本市场的关系。首先分析了保险公司的本质，然后从社会交易成本的角度分析了保险业务的社会福利效应，并分析了我国保险公司资产管理的现状。

第四章　保险公司关键风险分析

这一章主要对保险公司面临的各种风险进行归纳总结，并找出了关键风险。本章首先明确风险的定义，然后分析保险公司不同于其他行业的风险特征，将其风险分为企业内部风险与企业外部风险，并对每一种风险做了详尽分析，在此基础上确定影响保险公司资产配置的关键风险，以作为后面一章风险模拟的依据，关键风险主要包括：利率风险、通胀风险、市场收益率风险、资产价值波动风险、巨灾风险、再保风险、承保风险。

第五章　情景发生器Ⅰ：保险公司外部环境风险模拟

本章在上一章风险分析的基础上，利用国内宏观经济数据，对影响保险公司经营的宏观外部环境风险因素进行了建模，主要包括利率风险模拟、通胀风险模拟、市场收益率风险模拟。

第六章　情景发生器Ⅱ：保险公司内部环境风险模拟

本章对保险公司内部风险进行了分析建模，主要包括企业资产价值波动风险、巨灾风险、再保风险、承保风险。其中，资产价值波动风险由第五章的宏观外部环境因素模拟决定，本章不再讨论。承保风险可以分为非巨灾损失风险和承保周期波动风险，因此本章将非巨灾损失风险和巨灾损失风险合并为损失发生器进行模拟，对承保周期单独模拟。本章的模拟路径如图 1.6 所示。

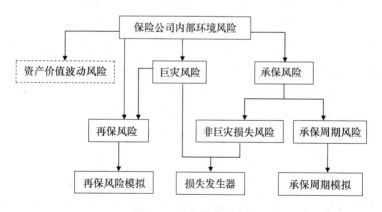

图 1.6　风险模拟路径

第七章　动态财务分析技术的应用——条件风险值模型（CVaR）与负债约束下保险公司动态资产配置

本章介绍了动态财务分析技术在保险企业战略资产配置方面的应用，首先建立了条件风险价值与负债约束下的多阶段动态资产管理模型，并利用国内某上市保险公司的财务数据进行了模拟计算，研究结果表明，该模型具有较强的预测能力。模型运行结果表明，动态财务分析技术具有较为广阔的应用空间。

第八章　结论与展望

对本书的主要内容进行全面总结，明确阐述了本书的理论创新与贡献，指出研究的局限性并指出未来研究的方向。

第五节　本书的研究方法

本书采用动态财务分析的思想方法作为研究的基本手段，基本研究方法如下：

一　文献回顾

文献回顾是学术研究的基本方法，通过对以往文献的讨论研究，总结前人的研究成果，界定自己将要研究的问题与研究的方向，是任何学术研究要做的前期准备工作。本书主要对资产配置、动态财务分析手段进行了总体文献回顾，在第五章和第六章风险模拟部分也对各种风险的模拟手段进行了文献回顾，以期找到更符合中国实情的模型工具。

二　理论分析与建模

不论是在研究动态资产配置模型的建模方法还是研究风险

模型时，首先都要从理论角度分析模型所需的技术手段，在建模时坚持动态性原则与关键性原则，如非巨灾损失分布函数传统上采用参数统计方法，具体步骤为：获取数据—选择参数模型—估计模型参数—验证拟合效果。并且假定总体服从几种常见的分布函数，如对数正态分布（Log‑normal Distribution）、威布尔分布（Weibull Distribution）、广义帕累托分布（Generalized Pareto Distribution）、广义伽马分布（Generalized Gamma Distribution）等，然后根据这些分布去拟合样本数据，得出总体分布情况。

三　综合运用

综合运用统计学、金融学、计量经济学、时间序列分析等多学科知识，将实证与文献回顾相结合，分析各风险因素与财产保险公司动态资产配置之间的内在联系，建立适合我国财产保险公司实情的动态模型。

第六节　本章小结

本章提出了本书研究的问题：基于动态财务分析的保险公司动态资产管理体系，以及研究目的与研究意义。对本书涉及的基本概念——资产配置、动态财务分析进行了界定。对本书主要研究内容、研究框架以及采用的研究方法和所做的工作进行了提炼和概括，并列出了本书可能的创新点。

第二章　文献综述与理论基础

第一节　文献综述

一　投资组合理论研究概述

现代投资组合理论始于美国经济学家哈里·M. 马科维茨于 1952 年发表的题为《资产组合》的文章[①]，文章用均值表达投资组合的收益情况，用方差度量组合的风险，建立了著名的"均值—方差模型"（Mean - Variance Model）。其中详细阐述了"投资组合"的基本假设、理论基础与一般原则，开创了在不确定性条件下理性投资者进行资产组合投资的理论和方法。阐述了如何利用投资组合，创造更多的可供选择的投资品种，以达到分散风险获取最大可能的投资收益。马科维茨的均值—方差模型标志着投资组合理论的产生，也标志着数量化方法进入了投资研究领域。

（一）投资组合理论本书文献综述

1. 马科维茨的均值—方差模型

保险公司资产管理的均值方差技术起源于传统的马科维茨

---

① Markowitz H M. Portfolio selection ［J］. Journal of Finance, 1952（7）: 77 - 91.

投资组合理论，利用投资组合理论中多样化投资分散风险的思想，确定负债方保险产品限制与资产方投资结构，实现保险公司资产配置组合整体最优。

均值—方差模型一般是以期望收益作为回报指标，以收益的方差作为风险指标。主要用来分析投资风险，也称风险收益模型或有效前沿模型（The Efficient Frontier Model），最初由马科维茨（1952）提出，经威廉·夏普（William Sharpe，1964）、林特纳（John Lintner，1965）和费歇尔·布莱克（Fischer Black，1972）对资本市场的进一步研究，最终发展成资本资产定价模型（Capital Asset Pricing Model，CAPM）[1][2][3]。

均值—方差模型基于如下假设：（1）有效市场假设，即每个投资者都能够掌握充分的信息，证券的价格反映出了证券的价值，有效市场包括"弱、强、半强"三种基本形式；（2）理性人假设，即投资者都是理性的，其决策行为遵循均值—方差准则，遵守占优原则，即风险相同时追求期望收益最大或期望收益相同时追求风险最小；（3）正态分布假设，证券的收益率服从正态分布，由均值来描述；（4）证券收益率的标准差作为适合的风险度量；（5）各证券的收益率之间有一定的相关性，其相关程度可以用相关系数或收益率的协方差来表示；（6）每种资产都是无限可分的；（7）税收及交易成本等忽略不计。

①　Sharpe W F. Capital asset prices: a theory of market equilibrium under conditions of risk [J]. Journal of Finance, 1964 (19): 341 - 360.

②　Lintner J., The valuation of risk assets and the selection of risky investments in stock Portfolios and capital budgets [J]. Review of Economics and Statistics, 1965 (47): 13 - 37.

③　Black F. Capital market equilibrium with restricted borrowing [J]. Journal of Business, 1972 (45): 444 - 455.

在此前提下，投资者从众多资产组合均值—方差集中寻求帕累托最优解。

马科维茨的均值—方差模型是单期投资理论的基础，明确地阐述了投资组合中收益率与方差之间的权衡。但均值—方差模型只有当投资者的效用函数是二次的或者收益满足正态分布的条件时才能完全符合，而这样的条件在实际中常常难以满足，因此均值—方差模型在实际应用中受到了较多的限制。

法拉利（Ferrari，1967）首次将马科维茨的投资组合理论应用于保险业，他指出，保险公司的投资决策必须考虑保险市场和资本市场的相关性，因此比纯粹的资本市场投资决策更为复杂[1]。卡亨和奈伊（Kahane and Nye，1975）利用均值方差模型分析了美国财产保险公司的承保与投资最佳组合，给出了效率前沿曲线[2]。卡明斯和奈伊（Cummins and Nye，1981）结合效用理论和破产理论做出进一步分析，指出决策者应该根据决策的原则在有效边际上选取最优点[3]。

李和黄（Li and Huang，1996）[4]使用机会约束规划技术（Chance - constrained Programming）发展出适用于多产品线多种投资的模型，模型中结合了监管限制、法规限制、产品保额限制、投资不同资产比例限制等约束，具有更为现实的意义。

---

① Ferrari J R. A Theoretical Portfolio Selection Approach for Insuring Property and Liability Lines [C] //Proceedings of Casualty Actuarial Society, 1967.

② Kahane Y, Nye D. A Portfolio Approach to the Property - Liability Insurance Industry [J]. Journal of Risk and Insurance, 1975, 42: 579 - 598.

③ Cummins J D, Nye J D. Portfolio Optimization Models for Property - Liability Insurance Companies: An Analysis and Some Extension [J]. Management Science, 1981, 27: 414 - 430.

④ Li S X, Huang Z. Theory and Methodology, Determination of Portfolio Selection for A Property - Liability Insurance Company [J]. European Journal of Operation Research, 1996, 88: 257 - 268.

而且不同于以往模型的是，作者使用了在险值 VaR 的概念，使得保险人可以调整自己的门限风险水平（Threshold Risk Levels）来产生不同风险偏好下的有效边际。

一直以来，均值—方差模型都受到学术界和投资界的高度重视，采用均值度量投资收益已经被学者广泛接受。但是以方差或标准差作为投资的风险，不论实际收益上涨或下跌均可视为风险，显然与投资者的实际感受不符，因为投资者在进行投资决策时，仅仅会将收益下降作为风险，而实际收益超过预期收益率正是投资者所期望的，在投资收益分布呈正态且对称时，并不会引起太大的问题，但现实中资产的收益分布往往是不规则的，因此人们对这一风险衡量方式提出了质疑并期望找到更符合实际的指标来衡量投资组合风险。

2. 半方差投资组合风险度量理论

几乎与马科维茨同时，罗伊（Roy，1952）也提出了一个模型来进行最优资产组合的风险收益替代，但是他不认为可以从投资者身上提取一个单一的所谓效用函数①。罗伊认为，投资者会遵循安全第一法则，并会为自己订立一个最低可接受的收益水平来实现这一法则。罗伊将这一最低可接受的收益率称为"灾难性损失"，并认为投资者更偏好于选择资产组合以使组合的收益率在这一最低可接受收益率水平之下的概率最小，即符合安全第一法则。这一思想可以表示为最大化收益风险率 $(r-d)/s$，其中，r 为组合的期望收益率，d 为最低可接受的收益率水平（Disaster Level），s 为组合的标准差。在这里，通过安全第一法则，引入了"最低可接受收益率"这一概念，罗

---

① Roy A D. Safety First and the Holding of Assets ［J］. Econometric，1952：431 – 449.

伊事实上已经建立了下偏风险（Down – side Risk）测度的初步模型，而由于他的这一成果在马科维茨之后公布，再加上其并没有作进一步的研究，所以在当时并没有引起太大的轰动。马科维茨（1959）认识到了这一思想的重要性①，他认为投资者之所以对最小化下偏风险更感兴趣，主要有以下两点理由：（1）只有下方的风险或安全第一才是与投资者最相关的；（2）证券收益率的分布并不一定是正态的。马科维茨指出，当证券收益率为正态分布时，下偏风险测度与方差（标准差）测度都能够提供正确的结果，但是当分布并非正态时，则仅下方风险测度的结果有效。同时，马科维茨建议以两种指标来度量下方风险：低于均值的半方差（Below – mean Semi – variance，SVm）以及低于目标报酬率的半方差（Below – target Semi – variance，SVt）。

　　尽管马科维茨提出了这两个风险度量指标，但是鉴于当时计算工具的限制，他依然选择了以方差作为风险的度量指标来进行研究以及实际应用。之后又有一些学者对半方差模型作了进一步的研究。其中，奎克和萨博斯尼克（Quirk and Saposnik，1962）证明了半方差模型在理论上要优于方差模型②，而马奥（Mao，1970）也证实了投资者在进行投资时更关注于下偏风险，因此理应以半方差来度量风险③。

　　但是，大部分学者仅仅将 SVm 作为半方差来计算，而忽

---

　　①　Markowitz H M. Portfolio Selection（First Edition）［M］. New York：John Wiley and Sons, 1959：100 – 110.

　　②　Quirk J P, R Saposnik. Admissability and Measurable Utility Functions［J］. Eview of Economic Studies, February 1962.

　　③　Mao, James C T. Models Of Capital Budgeting E – V Vs. E – S［J］. Journal of Financial and Quantitative Analysis, 1970, Vol. 5（5）：657 – 676.

略了其中有关偏度的意义。事实上，组合的方差除以 SVm 便可大致衡量收益分布的偏度。如果分布是正态的，那么 SVm 恰为方差的一半，这样，如果比值等于 2，则分布是对称的，如果比值不等于 2，则说明分布是有偏的或者是不对称的，而偏度正是对于分布对称性的衡量。当资产收益分布的偏度小于 0，则收益处于期望收益率之下时将比处于期望收益率之上时偏离期望收益率更大，或者说，当遭受损失时，将会是很大的损失；与之相反，当偏度大于 0 时，将会是更大的获利。而 SVm 与 SVt 并没有区分投资对于偏度的喜好程度，所以依然存在一定的缺陷。如果投资者的效用函数均为标准的二次式，那么以方差或半方差来衡量风险应该是较为完美的方法，但是由于投资者的效用函数千差万别，所以需要有适用于不同投资者效用函数的风险衡量方法。而同时在这段时间对于基金投资绩效评估的研究也进一步推进了下偏风险测度的发展。

3. 在险价值分析

在险价值分析是用概率统计估计金融风险的方法，其英文全称为 Value – at – Risk，VaR，即"处于风险中的价值"，其含义是在市场正常波动下，在一定的概率水平（置信度）下某一金融资产或证券组合在未来特定的一段时间内的最大可能损失。在险价值分析作为一种对风险的度量方法，最初是由 J. P. 摩根公司发明的，可表示为：

$$prob(\Delta P_{\Delta t} > VaR) = 1 - c = \alpha \qquad (2.1)$$

其中：$\Delta P_{\Delta t}$ 为证券组合在持有期 Δt 内的损失；VaR 为某一置信水平下处于风险中的价值，c 为置信度（ VaR 取正数）。

考虑一个证券组合，假定 P_0 为证券组合的初始价值，r 是持有期内的投资回报率，则在持有期末证券组合的价值可以表示为 $P = P_0(1 + r)$。回报率 r 的期望和标准差分别为 μ 和 σ，

如果在某一置信度 c 下，证券组合的最低价值为 $P^* = P_0(1 + r^*)$，则根据在险价值分析的定义，可以定义相对于证券组合价值均值（期望价值）的 VaR，即相对 VaR 为：

$$VaR_R = E(P) - P^* \qquad (2.2)$$

如果不以证券组合价值均值为基础，可以定义绝对 VaR 为：

$$VaR_A = P_0 - P^* = -P_0 r^* \qquad (2.3)$$

但回报率 r 是一个随机变量，假设 r 的概率密度函数为 $f(r)$，则根据以上定义，有：

$$1 - c = \int_{-\infty}^{r^*} f(r)\,dr \qquad (2.4)$$

或

$$c = \int_{r^*}^{+\infty} f(r)\,dr \qquad (2.5)$$

若回报率 r 服从正态分布，即 $r \sim N(\mu, \sigma)$，则 $\frac{r - \mu}{\sigma} \sim N(0,1)$。设 Z_α 为给定置信水平 α 下的标准正态分布的分位数，则最小回报可以表示为：

$$r^* = -Z_\alpha \sigma + \mu \qquad (2.6)$$

假设参数是在一期的时间间隔内计算出来的，并且每期的回报是独立同分布，则时间间隔为 Δt 期的相对 VaR 为：

$$VaR_R = -P_0(r^* - \mu) = P_0 Z_\alpha \sigma \sqrt{\Delta t} \qquad (2.7)$$

相应地，绝对 VaR 为：

$$VaR_A = -P_0 r^* = P_0(Z_\alpha \sigma \sqrt{\Delta t} - \mu \Delta t) \qquad (2.8)$$

计算在险价值的关键在于确定证券组合未来回报率的统计分布或概率密度函数。然而大多数情况下，直接计算证券组合的未来回报率分布几乎是不可能的。因此，通常将证券组合用其市场因子（利率、汇率、股价等）来表示。计算在险价值时，首先使用市场因子当前的价格水平，利用金融定价公式对证券组合进行估值；然后预测市场因子未来的一系列可能价格水平，并对证券组合进行重新估值；在此基础上计算证券组合的价值变化——证券组合损益，由此得到证券组合的回报率分布。根据这一分布就可求出给定置信水平下证券组合的在险价值。

在在险价值分析的计算中，波动性模型（预测市场因子的波动性）和估值模型（根据市场因子的波动性估计组合的价值变化和分布）是两种基本方法，不同的波动性模型和估值模型构成了在险价值计算的不同方法。

目前，在险价值分析的计算方法基本都是对这两种模型的选择和组合，典型的三类方法是历史模拟法、分析方法（又称方差—协方差法）和蒙特卡洛模拟法（Monte Carlo Simulation）。

在在险价值分析的实际计算中，选择上述方法时必须考虑两个关键因素：一是市场因子的变化与证券组合价值变化间的关系是否线性；二是市场因子的未来变化是否服从正态分布。

虽然在险价值分析风险度量方法凭借其简明易懂的特性，作为基本风险计量方法之一写入了巴塞尔协议的补充规定中，但其理论体系存在严重的缺陷：（1）非一致性风险度量手段，在险价值分析缺乏次可加性，即采用该方法对投资组合风险进行度量，各个投资资产的在险价值之和与总投资组合的在险价值不相一致，这在使用中产生不经济的成本增加；（2）在险价值分析结果有可能存在多个极值，局部优化并非整体优化，因此在数学方法上难以处理；（3）当真实损失超过在险价值分析度量范围时，该方法无法进一步识别风险。

4. 条件风险价值

条件风险价值（Conditional – VaR，CVaR）模型是指在正常市场条件下和一定的置信水平 α 上，测算出在给定的时间段内损失超过 VaR_α 的条件期望值。

设 X 是描述证券组合损失的随机变量，$F(x)$ 是其概率分布函数，则条件风险价值可以表示为：

$$CVaR = -E\left\{x \mid F(x) \leqslant \alpha\right\} \qquad (2.9)$$

与在险价值分析测度不同，条件风险价值测度满足一致性度量要求，它是组合资产头寸 X 的凸函数。凸函数保证了用条件风险价值测度进行资产组合优化存在唯一的、性质良好的最优解（Rockafellar and Uryasev，2000）。帕夫洛·K.（Pavlo K.，2001）等在条件风险价值的约束下建立了最小组合损失优化模型，并对均值—方差前沿和条件在险价值前沿（Mean-CVaR Frontier）进行了比较。亚历山大·G. J.（Alexander G. J.，2002）等进一步在一般均衡框架下对正态收益假设下均值—方差前沿和均值—VaR 前沿的经济意义进行了比较。

条件风险价值模型在一定程度上克服了在险价值分析模型的缺点，不仅考虑了超过 VaR 值的频率，而且考虑了超过 VaR 值损失的条件期望，有效地改善了 VaR 模型在处理损失分布的厚尾现象时存在的问题。需要注意的是，当证券组合损失的密度函数是连续函数时，条件价值分析模型是一个一致性风险度量模型，具有次可加性，但当证券组合损失的密度函数不是连续函数时，条件价值分析模型不再是一致性风险度量模型，即条件价值分析模型不是广义的一致性风险度量模型，需要进行一定的改进。

5. 多阶段投资组合模型

以马科维茨均值—方差模型为基础的单期投资组合模型的

前提假设为：假设投资者期初购买某一资产组合并将其持有到期末，因此此类模型属于静态投资组合模型。而实际上对于一个长期投资者来说，会随投资环境的变化适时调整投资组合的头寸，进行动态投资。因此，考虑时间与不确定性联系，在模型中加入期间因素，以适应收益率的变化和不确定性带来的波动，此类模型被称为多阶段投资组合模型。

多阶段投资组合选择问题，又常被称为动态投资组合选择问题，根据投资周期在时间上的连续性，动态投资组合选择模型可分为离散和连续时间投资组合选择模型。

（1）离散时间多阶段模型。

基于离散时间的多阶段投资组合选择模型中，较具有代表性的是莫森（Mossin，1968）[1]、萨缪尔森（Samuelson，1969）[2]、哈克逊（Hakansson，1971）[3]等在假设资产回报跨期独立分布的前提下，针对多期消费—投资问题建立的模型。

莫森于1968年首先提出多阶段投资组合问题，用动态规划的方法将单阶段模型推广到多阶段的情况。哈克逊于1971年在离散时间框架下，通过在莫森模型中加入随机工资收入、序列相关的资产回报和个人生命的不确定性等因素，推广了莫森的结论，特别是给出当资金量既定时，在凹的效用函数及固定相对风险回避条件（Constant Relative Risk Aversion，CRRA）下的显式解，即投资者采用定常分配策略可以得到最终财富的

①　Mossin J. Optimal Multiperiod Portfolio Policies ［J］. Journal of Business, 1968 （41）：215 – 229.

②　Samuelson P. Lifetime Portfolio Selection by Dynamic Stochastic Programming ［J］. Review of Economics and Statistics, 1969 （8）：239 – 246.

③　Hakansson N H. On Optimal Myopic Portfolio Policies, With and Without Serial Correlation of Yields ［J］. Journal of Business, 1971 （44）：324 – 344.

期望效用最大化。哈克逊认为，在幂效用函数采用的固定相对风险规避函数形式下，假设在跨期投资中，不论投资者个人的年龄和财富，其投资组合的权数在每期都是相同的。

在适当的基础条件下，离散时间多期模型可以模仿更复杂的时间持续的类似情况，它为投资组合的选择提供了一种容易获得的灵活的框架，并可以通过反馈形式推导出最优策略。但是，动态规划本身存在一个很大的缺陷，即维数灾难，限制了可以求解的投资组合选择模型的类型，当模型中出现3 个或 4 个以上状态变量时，就不得不面对大量的计算问题。

（2）连续时间投资组合选择模型。

默顿（Merton，1969）提出的连续时间投资组合选择模型在现代金融中扮演了重要的角色[①]。他基于采用随机微积分和确定性系统的贝尔曼（Bellman）动态规划理论，研究动态投资组合选择问题，并由此开创了采用随机动态规划方法研究连续时间动态组合选择问题的先河。在连续时间投资组合选择框架下，默顿假设：连续交易日之间的时间间隔趋近于 0，资产价格满足几何布朗运动。

1971 年，默顿在其连续时间证券组合管理模型中做出如下假设：单个的投资者是证券价格的接受者而不是价格的决定者；证券市场是在一种理想的背景下，由一种有固定收益率的无风险资产和一种或多种有风险的股票组成，而每种股票的收益率及风险程度是常数；除了当前的证券价格外无其他信息；资产可任意细分但不存在交易成本；投资者欲使期望效用在预

---

① Merton R C. Lifetime Portfolio Selection under Uncertainty: the Continuous Time Case [J]. Review of Economics and Statistics, 1969 (3): 373 –413.

期生命周期内最大化。默顿将上述问题演化成封闭型的最优随机控制问题并给出了动态规划解。

连续时间投资组合选择模型所具有的优点是，在投资组合选择的基本模型中可以推导出最优决策规则。但其缺点为：首先，模型对交易成本、交易限制、回报预测、参数不确定性、市场不完全性等影响因素，只能准确地分析单一因素的影响，而不能分析其相互作用以及整体对模型结果的影响；其次，该模型很难同时考虑监管限制、经营要求和公司政策等因素；最后，该模型也同样无法解决"维数灾难"的问题。

采用动态规划求解的离散时间模型和连续时间模型的产生和发展，从理论上完善了动态投资组合理论，但是这两类模型为便于求解，在建模时尽量简化，使得模型不能充分反映现实状况，因此实践应用中受到了限制。

6. 投资组合选择多阶段随机规划

多阶段随机规划模型通过采用代表不确定性未来变动情况的情景树作为输入，巧妙地将决策者对不确定性的预期加入模型，且可以全面考虑诸如交易费用、市场不完备性、税收、交易限制和管理规则等因素，相比其他模型在描述问题方面具有更大的灵活性。

布拉德利和克莱恩（Bradley and Crane，1972）针对商业银行的投资组合问题，建立了随机线性规划模型①，推动了商业银行资产负债管理理论的研究。库西和津巴（Kusy and Ziembe，1986）提出了新的商业银行投资组合选择模型，修正了布拉德利和克莱恩模型中的不足，并成功地运用在温哥

---

① Bradley S P，Crane D B. A dynamic model for bond portfolio management [J]. Management Science，1972（19）：139-151.

华城市储蓄信贷协会的 5 年资金计划①。杰马勒和西贝尔（Cemal and Sibel，1997）为一家土耳其银行的投资组合选择建立了一个带有补偿的随机线性规划②。卡里诺等（Carino et al.，1998）为日本安田火险和海上保险公司（Yasuda Fire and Marine Insurance）设计了多阶段随机规划资产负债管理模型——Russell – Yasuda – Kasai 模型③。塞萨德里、坎那和哈奇（Seshadri，Khanna and Harche，1999）在随机利率模型中嵌入二次优化，以产生股息、市价和现金久期，从而改进了投资组合选择模型，帮助纽约联邦住宅贷款银行管理其利率风险④。盖沃龙斯基和斯特拉（Gaivoronski and Stella，2003）运用随机规划理论构建了在线（on – line）投资组合选择随机规划模型⑤。

金秀和黄小原（2005）建立了符合我国实践的资产负债多阶段管理模型，并将其运用于辽宁养老金的管理⑥。

吉小东和汪寿阳（2005）建立了动态资产负债管理模型，

①　Kusy M I, Ziemba W T. A bank asset and liability management model［J］. Operations Research，1986（34）：356 – 376.

②　Cemal B O, Sibel G. Bank asset and liability management under uncertainty［J］. European Journal of Operations Research，1997（102）：575 – 600.

③　Carino D, Myers D H, Ziemba W T. Concepts, technical issues, and uses of the Russell Yasuda Kasai financial planning model［J］. Operations Research，1998（46）：450 – 562.

④　Seshadri S, Khanna A, Harche F. A method for strategic asset – liability management with an application to the Federal Home Loan Bank of New York［J］. Operations Research，1999（47）：345 – 360.

⑤　Gaivoronski A A, Stella F. On – line portfolio selection using stochastic programming［J］. Journal of Economic Dynamics & Control，2003（27）：1013 – 1043.

⑥　金秀、黄小原：《资产负债管理模型及在辽宁养老金问题中的应用》，《系统工程理论与实践》2005 年第 9 期。

探讨我国养老基金的管理问题①。

陈小新和陈伟忠（2007）建立了基于随机规划方法的多阶段动态资产配置模型，对我国证券市场的投资策略进行研究②。

（二）投资组合理论研究述评

综上所述，投资组合选择理论是在均值—方差理论的基础上逐步发展而来，人们对均值—方差理论的修正主要集中在风险度量手段方面，经历了方差、半方差、VaR，目前比较符合实际情况的风险度量手段为 CVaR。

与此同时，投资组合理论的另一个发展方向为从单期到多期，从动态规划到随机规划的发展过程。目前，在国内外投资组合选择理论与实践研究领域，最为活跃的手段为多阶段随机规划，因其具有动态性和灵活性等优点，并在很多银行、基金和保险公司的投资组合选择实践中取得了很好的应用效果，已经成为最受关注的方法之一。

就随机规划的特点来说，由于可以将更多的对现实的考虑，如税收、政策限制、资金限制等加入模型，与其他模型相比，在描述问题方面具有较好的整体性和灵活性，但这种灵活性是有代价的，在随机规划模型中，随着考虑因素和阶段数的增多，情景元素生成的运算量以几何方式增加，模型的计算量随之剧增，从而使得求解的难度急剧增加，因此必须针对特定问题的特殊结构和情况构造相应的模型，而很难得到具有普适性的模型，并依靠先进的计算机技术求解。

---

① 吉小东、汪寿阳：《中国养老基金动态资产负债管理的优化模型与分析》，《系统工程理论与实践》2005 年第 8 期。

② 陈小新、陈伟忠：《中国证券市场中动态资产配置绩效的实证分析》，《同济大学学报》（自然科学版）2007 年第 10 期。

二　保险公司资产配置理论研究概述

（一）保险公司资产配置理论文献综述

对保险公司资产配置问题研究的重点在于考虑投资组合时，投资资金不能作为独立变量，而要考虑保险公司资金来源负债性的特点，选择恰当的约束变量，确定投资组合类型。

1. 加入负债约束的保险公司资产配置理论

莱博维兹等（Leibowitz et al. , 1988）在研究养老金计划时认为，由于养老金计划的投资组合决策需要为其特定的负债计划提供资金，投资者所关心的是投资资产的市场价值与负债价值之间的差额，因此需综合考虑资产收益率和负债收益率，并提出了剩余最大化（Surplus Maximize）的概念[①]。

法雷尔和莱因哈特（Farrell and Reinhart, 1997）认为，可以将一个资产组合整体分解成为其提供资金的负债计划和运用最优化技术获取收益率的资产计划两个部分，且这些负债可被明确地定义为反向的资产计划[②]。

米肖（Michaud, 1989）研究了存在金融负债情况下的无风险资产问题，认为理想的"无风险"资产变动与计划负债的变化是协同的[③]，并对股票、长期债券、货币市场工具三类资产在利息上调和下降两种情况下的有效前沿进行了分析。

阿诺特和伯恩斯坦（Arnott and Bernstein, 1992）在研究

---

① Leibowitz M L, Henriksson R D. Portfolio Optimization Within a Surplus Framework [J]. Financial Analysts Journal, 1988, Mar/Apr: 43 – 51.

② Farrell J L, Reinhart. Portfolio Management: Theory and Application [M]. McGraw – Hill, 1997.

③ Michaud Richard. Pension Policy and Benchmarks Optimization [J]. Investment Management Review, Spring 1989: 35 – 43.

养老基金资产配置的问题时，将固定收益养老计划的债务定义为负债资产，并将其视为久期匹配的债券资产，运用标准的均值—方差模型考虑资产组合选择问题[1]。

考克斯和利兰（Cox and Leland，1982），布伦南和施瓦茨（Brennan and Schwartz，1988），格罗斯曼和周（Grossman and Zhou，1996）分别研究了当投资者要求其资产在投资期限中总是超过最低生活水平时的资产组合选择问题，并得出结论认为，考虑最低生活水平的投资者，其资产组合中风险资产的配置总是小于不考虑生活水平的投资者的风险资产配置水平，且总是会在风险资产价格上涨时买入，在价格下跌时卖出[2][3][4]。

这一阶段的相关研究主要集中于如何使偿还问题及其导致的投资资金的负债性在模型中得以体现，所采用的方法包括负债收益率、反向资产计划、久期匹配债券资产等。

2. 保险公司资产配置模型选择

随着金融机构的负债性被纳入投资组合选择模型的考虑范围，投资组合选择的相关理论和模型被越来越广泛地应用于金融机构的投资分析中，而随着对保险公司投资特性的探究和分析被纳入考虑，保险资金投资组合选择的相关理论和模型也开始发展起来，较具代表性的研究成果包括：

约翰·D. 斯托（John D. Stowe，1978）在研究保险公司

①　Arnott, Bernstein P L. Capital Ideas: The Improbable Origins of Wall Street [M]. Free Press, 1992.

②　Cox, Leland H. Notes on Intertemporal Investment Policies [D]. Working paper, Stanford University, 1982.

③　Brennan, Schwartz E S. Time Invariant Portfolio Insurance Strategies [J]. Journal of Finance, 1988 (43): 283 – 299.

④　Grossman, Zhou. Equilibrium Analysis of Portfolio Insurance [J]. Journal of Finance, 1996 (51): 1379 – 1403.

投资组合决策问题时提出一个假设，即盈余和责任准备金成本等因素也会影响保险公司投资，并设计了一个"可能性—约束模型"，计算分析得出，影响保险公司投资组合决策的因素除了过去通常所认为的"收益率变量"之外，还有盈余和责任准备金成本等"非收益率变量"[1]。

弗兰克（Frankel，1981）将均值—方差理论运用于保险资金投资，认为均值—方差理论除了可以反映投资收益和风险信息外，还应该反映其他一些有价值的信息：若保险企业的投资目标是预期效用最大化，则其投资决策需要考虑投资滞后收益率（相对于预期收益率的实际收益率）的变动程度和保险企业对风险的厌恶水平。并以此为基础提出了"非线性的完全信息最大化可能性技术"，采取协方差进一步研究在多因素条件下，保险资金投资的风险与收益情况。其研究结论为：在单期预期效用最大化、风险厌恶水平固定程度、投资收益率呈正态分布等条件下，各投资资产数额变动的协方差矩阵正好就是投资收益率的协方差矩阵[2]。弗兰克的这一技术为保险业的投资提供了多因素条件下的风险与收益计算的数理方法，但其缺点在于模型的非线性、过程复杂且成本高昂。

陈万华和伊萨克·克里斯基（M. W. Luke Chan and Itzhak Krinsky，1988）对其模型做出了改进[3]，利用数学估算方法，将复杂非线性化模型改成了简单的线性化模型——"推理预

①　Stowe J D. Life Insurance Company Portfolio Behavior [J]. Journal of Risk and Insurance, 1978 (45): 431 – 447.

②　Frankel J A. Estimation of portfolio – balance functions that are mean – variance optimizing: The mark and the dollar [J]. International Finance Discussion Papers, 1981: 188.

③　Chan M W L, Krinsky I. Expectation Formation and Portfolio Models for Life Insurers [J]. Journal of Risk and Insurance, 1988(55): 682 – 691.

期模型"，其优势在于：一是作为多期模型，可以根据现实参
数价值的变化而计算出变化后的投资风险和收益；二是作为线
性模型，能够较为快速地计算出结果，从而将均值—方差理论
成功地运用到寿险资金投资研究与实践领域。

古德弗兰德（Goodfriend，1995）在研究保险公司的房地
产投资时提出：保险公司在优化投资组合的过程中，还应该考
虑承保风险、责任准备金的久期和质量、资产和负债的匹配、
商业策略、财务弹性等因素①。

随着投资组合选择相关理论和模型的发展，很多学者尝试
将多阶段随机规划模型运用于保险资金投资组合选择的理论与
实践中，其中最为成功的案例是 Russell – Yasuda – Kasai 模型。
弗兰克·罗素（Frank Russell）公司为日本安田火险及海上保
险公司开发了一个基于多阶段随机规划的资产与负债管理的模
型，运用多重周期方式确定最优的投资策略。该模型使公司在
满足账面价值规则及条例管制的同时，能遵循公司的经济价
值，而且允许该公司根据与公司业务环境相关联的事件结果来
进行资产配置和负债管理决策，能够应对日本保险法及相关管
理所规定的各种复杂的制度。其首要目的是在满足公司长期财
富增长的前提下，有尽可能高额的收入以支付储蓄型保单中的
年利率。在 1991—1992 年两个财务年度里，通过使用 Russell
– Yasuda – Kasai 模型，按模型设计的投资策略使安田公司获
得了 42% 的额外收入（87 亿日元，或 7900 万美元）。

于立勇（2004）建立了一个用于寿险资金投资管理的随机

---

① Goodfriend M. The impact of monetary policy on bank balance sheets: A com-
ment ［C］. Carnegie – Rochester Conference Series on Public Policy, Elsevier, 1995
（42）：197 – 202.

规划模型，以帮助寿险公司的管理者构造一个动态投资组合，在满足未来不确定负债要求的前提下，达到最终财富的最优[①]。

戴稳胜在其《中国保险业资产负债建模分析》一书中，提出了保险公司资产负债管理模型的框架，系统探讨了影响保险公司资产负债的风险因素，并分析了各风险因素对保险公司资产负债的影响路径[②]。

（二）保险公司资产配置理论述评

目前，国内外相关研究中对保险资金配置模型的构建主要有两个较为常见的思路：一是在均值—方差等投资组合选择理论基本模型的基础上，考虑负债因素和保险资金的相关特征构建模型，到目前为止，这一类模型中尚未出现在实践中有良好应用效果的模型；二是运用随机规划的方法，针对特定对象的相关情况构建模型，目前部分模型在国外已经付诸实践并取得了较好的效果，但国内相关研究仍在很大程度上停留在理论研究阶段。

三 动态财务分析研究概述

动态财务分析近年来在保险业的应用非常广泛。福瑞斯特（Forrester，1961）[③] 较早地表述了动态财务分析的基本思想。卡明斯和德瑞格（Cummins and Derrig，1989）[④] 以及卡明

---

① 于立勇：《基于随机规划的动态投资组合选择》，博士学位论文，中国科学院数学与系统科学研究院，2004。

② 戴稳胜：《中国保险业资产负债建模分析》，经济科学出版社 2004 年版，第 65—172 页。

③ Forrester J W. Industrial Dynamics [M]. MIT Press, 1961.

④ Cummins J D, Derrig R A. The Assessment of the Financial Strength of Insurance Companies [M]. Financial Models of Insurance Solvency, Kluwer Academic Publishers, London, 1989: 1 – 37.

斯（1992）①在研究保险公司偿付能力的问题中，将这一技术引入保险业。北美精算师协会（Society of Actuaries，SOA）在1995年就发布了《动态现金流分析手册》②，然而动态财务分析技术虽然最早被用于寿险公司研究，但却在非寿险领域成为热点并得到发展。这可能是因为寿险业更加注重利率风险，往往只把动态财务分析技术作为资产负债管理（Asset Liability Management，ALM）的一种方法，因此没有受到足够的重视。实际上，动态财务分析技术适合所有类型保险公司的资产配置管理，因为对保险公司来说，投资组合的选择需要考虑的风险范围更广，约束条件更多，非常适合使用动态财务分析技术进行处理。

（一）动态财务分析研究现状

戴金等（Daykin et al.，1994）着重从承保的角度，分析了建立一个动态财务分析系统所需要的模型要素③。霍兹等（Hodes et al.，1996）为美国财产保险公司建立了一个现金流量财务模型④，虽然他们最初的意图也是用来检验偿付能力，但这一模型已经可以用于资本分配、风险分析和情景测试，可以视为动态财务分析模型的雏形。罗威和斯坦纳德（Lowe and Stanard，1997）描述了动态财务分析技术在保险公司决策支持

---

① Cummins J D. A Cash – Flow Simulation Approach to Risk – Based Capital Estimation in Property – Liability Insurance［J］. Alliance of American Insurers, 1992.

② Society of Actuaries. Dynamic Financial Condition Analysis Handbook［M］. Society of Actuaries, 1995.

③ Daykin C D, Pentikinen T, Pesonen M. Practical Risk Theory for Actuaries［M］. London, Chapman & Hall, 1994.

④ Hodes, Douglas M, Neghaiwi, Cummins T, et al. Financial Modeling of Property – Casualty Insurance Companies［J］. Casualty Actuarial Society Forum, 1996, Vol. Spring: 3 – 88.

系统中的应用①。达西和格尔维特等（D'Arcy and Gorvett, et al.，1997）②通过一系列的工作，建立了较为完整的财产保险公司的 DFA 模型，并且详细地介绍了 DFA 模型的广泛应用。考特曼和瑞恩（Kautman and Ryan，2000）利用动态财务分析对多条业务线的产险公司的资产配置进行了探讨③，考夫曼等（Kaufmann et al.，2001）④较为详细地描述了对资金运用风险、承保风险和巨灾风险的随机模拟方法。达西和格尔维特（2004）利用动态财务分析考察了年龄现象（Aging Phenomenon）对产险公司的影响，并在动态财务分析的框架下用均值—方差及随机占优的方法计算了产险公司的最优增长率⑤。威斯纳和艾玛（Wiesner and Emma，2000）将动态财务分析运用到公司战略制定的问题上⑥，伯克特、麦肯泰尔和宋林（Burbett，McIntyre and Sonlin，2001）利用瑞士再保险公司的投资者整合财务风险管理系统（FIRM™）的 DFA 模型对产险

① Lowe S, Stanard J. An integrated dynamic financial analysis and decision support system for a property catastrophe reinsurer ［J］. ASTIN Bulletin, 1997, 27 （2）: 339 – 371.

② D'Arcy S P, Gorvett R W, Herbers J A, et al. Building a DFA Analysis is Model that Flies ［A］. Contingencies Magazine, American Academy of Actuaries, 1997.

③ Kautman, Allan M, Ryan, Thomas A. Strategic Asset Allocation for Multi – line Insurers Using Dynamic Financial Analysis ［EB/OL］. http: //www. casact. org/ pubs/forum/OOsforum/OOsf001. pdf, 2000.

④ Kaufmann R, Gadmer A, Klett R. Introduction to Dynamic Financial Analysis ［J］. Astin Bulletin, 2001, 31 （1）: 213 – 249.

⑤ Stephen P, D'Arcy, Gorvett R W. The Use of Dynamic Financial Analysis to Determine Whether an Optimal Growth Rate Exists for a Property – Liability Insurer ［J］. The Journal of Risk and Insurance, 2004, 171 （4）: 583 – 615.

⑥ Wiesner E R, Emma C C. A Dynamic Financial Analysis Application Linked to Corporate Strategy ［EB/OL］. http: //www. casact. org/pubs/forum/OOsforum/ OOsf079. pdf, 2000.

公司的再保险和资产配置策略进行了研究①。罗依雯（2002，2003）②和赖志杰（2003）③等利用动态财务分析对台湾保险业的清偿能力、预警系统和资产负债管理技术进行了分析。

　　动态财务分析并非是一种学院派的理论，只有将其应用于实践之中才能发挥重大的作用。它从经济学和统计学等学科中借鉴了一些广为人知的概念和方法，财险公司资产负债管理是其很重要的应用之一。动态财务分析的基本目标有两个，即最大化股东价值和保障客户价值。在此基础上，动态财务分析还可以应用于：（1）战略资产配置；（2）资本配置策略制定；（3）市场策略制定和评估；（4）经营表现的评估；（5）定价决策；（6）产品设计；（7）再保险计划方案评估。

　　动态财务分析作为一项较为先进而又复杂的资产负债管理技术被推广和广泛应用，其优点显而易见；当然，它也存在着不甚完备的方面，既需要引起注意，又需要继续发展和改进，其优点和缺点见表2.1。

表 2.1　　　　　　　　　DFA 的优点与缺点

优点	缺点
DFA 将各项业务间的相互关系整合在一起，进行全面拟合	DFA 在某些方面必须依赖管理者的"主观判断"，因此对模型的预测能力和参考价值有影响

　　①　Burbett J, McIntyre T, Sonlin S M. DFA Insurance Case Study, Part Ⅰ: Reinsurance and Asset Allocation ［EB/OL］. http：//www. casact. org/pubs/forum/01spforum/01spf059. pdf.

　　②　罗依雯：《以动态财务分析预测我国产险业清偿能力》，硕士学位论文，台湾逢甲大学，2002。

　　③　赖志杰：《我国产险业资产负债管理技术之研究——以动态财务分析为例》，硕士学位论文，朝阳科技大学，2003。

续表

优点	缺点
DFA 可以动态地模拟多个情境下的财务情况，能够给予决策者有用、及时的信息	DFA 无法为决策者提供最佳策略，只能提供策略间的对比，供决策者选择
DFA 应用于计算机软件之中，决策者只需改动假设和参数就可以得出不同情境下的财务状况，可以清楚地观察变化，简单方便	DFA 需要大量的历史数据和当前运营的资料，这些数据应用于模型中会存在一些误差
DFA 可以在保险公司抵挡潜在不利经济事件时为其提供信息，预测能力比静态方法精确	DFA 并不能包含所有影响保险公司的因素，只是包含最为关键的因素，所以并非是现实完整的陈述

资料来源：根据赖志杰《我国产险业资产负债管理技术之研究——以动态财务分析为例》修改

（二）动态财务分析的主要研究方法

动态财务分析的主要构架一般由随机情景产生器、输入部分和输出部分组成（见图 2.1），随机情景产生器部分是整个模型的主体，它运用输入部分输入的各项数据进行模拟，得出在某个特定情境下各项重要变量的确定值；输入部分包括两项内容，即企业的相关历史数据（如承保数量、赔付额、费用情况、投资数额等）与模型参数（如利率模型的参数、通胀模型参数、CAPM 的 p 值、FF 二因子模型的各项系数等）和策略假设（如投资比例和策略等）。最后输出部分负责输出结果。

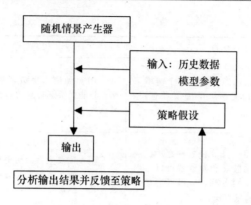

图 2.1 DFA 的基本框架

动态财务分析方法有别于静态、传统的财务比率分析的财务分析管理方法，体现了"随机性"、"动态性"的思想，它能够随机模拟不确定性环境下公司的资产、负债及未来的经营成果，为高层管理者控制经营风险、战略决策提供依据。战略决策必然面对不确定的未来环境（由未来利率水平、股票市场走势、国内生产总值的增长率等因素构成），对环境可以做出许多组假定，在动态财务分析中，每一组假定生成了一个情景。动态财务分析的核心是对未来可能的情景进行界定。而情景是对一组外生变量（如利率、通胀率等）未来具体状态的描述。它构成了保险公司具体的生存环境。同一情景，在不同战略下，营运结果不同；同一战略，在不同情景下，营运结果也不同。动态财务分析不仅仅是一种战略决策模型，更是一种把保险公司整体经营状况合成在一起的思考方式，在一种整体性、全方位的框架中对公司的战略决策进行评估。动态财务分析作为全方位的思考方式，允许公司在单一框架中同时处理许多种战略决策，这与传统方法把不同的战略决策分散在不同的框架中处理形成了鲜明对比。

动态财务分析方法不仅能够灵活地运用久期模型、资产负债缺口分析模型、免疫模型、现金流匹配模型以及近期发展起来的在险价值（VaR）模型等各种度量方法来测算利率变动对保险公司资产与负债的影响，还可通过恰当的情景条件生成器，在当前市场条件和未来市场环境条件间建立关联，并就此预测保险公司资产和负债的变化。保险公司动态财务分析的模型研究方法主要有两种，分别是情景分析和随机模拟。

（1）情景分析。

给定若干已知条件构成的情景，预测未来的财务效果。这些财务效果当且仅当情景正确的前提下才是有效的。整个过程类似"What…，if…"的结构，比如"如果利率增加3%，结果如何？"或"退保率增加10%，结果如何？"这样的问题。

国内外的学者对情景生成的方法进行了相关研究，形成了众多方法与模型，很多都在实践领域取得了良好的使用效果。较早采用也较为常见的是蒙特卡洛模拟法，这种方法通过对包含随机变量的模型进行蒙特卡洛模拟产生情景，其中用得最多的模型是向量自回归（VAR）、二叉树模型以及混合模型等。考文伯格和福斯特（Kouwenberg and Vorst，1996）用一个非线性不等式组和一个线性不等式组来刻画资产收益率的某些统计特征（如均值和方差）和无套利条件，并通过递归求解这两组方程组来确定情景[1]，考文伯格（2001）则采用了基于在

---

① Kouwenberg R，Vorst T. Dynamic portfolio insurance：A stochastic programming approach［R］. Erasmus Center for Financial Research Report 9909，Erasmus University Rotterdam，Netherlands，1996.

险价值（VaR）模型随机抽样法①。本德（Boender，1997）运
用向量自回归模型为其荷兰退休基金资产负债管理（ALM）
模型进行了情景分析②。卡里诺等（1998）为日本安田公司设
计的多阶段随机规划资产负债管理模型中提出了名为"方差
调整法"的情景生成方法③。马尔维等（Mulvey et al. ，1998）
利用随机微分方程为精算资讯机构通能（Towers Perrin – Till-
inghast）公司的养老金资产—负债管理建立了一个情景生成的
集成系统 CAP：Link（Capita Market Linkages）④，该系统的情
景元素中涵盖了很多关键经济变量（如价格和工资的通货膨
胀率）、不同期限利率（包括实际利率与名义利率）、股票红
利率和增长率，以及汇率的信息，该模型自 1991 年以来已经
在欧洲、北美洲和亚洲等地得到了应用。霍伊兰和华莱士
（Hoyland and Wallace，2001）给出了基于矩匹配方法的通用
框架最优化情景生成模型，该模型既可以一次性生成满足一定
要求的情景及其发生概率，也可以分阶段生成局部情景及概
率⑤。金（Kim，2006）提出情景分层随机提取法，通过构建

① Kouwenberg R. Scenario generation and stochastic programming models for asset liability management ［J］. European Journal of Operational Research，2001（134）：51 – 64.

② Boender G C E. A hybrid simulation/optimization scenario model for asset/liability management ［J］. European Journal of Operational Research，1997，99（1）：126 – 135.

③ Carino D，Myers D H，Ziemba W T. Concepts，technical issues，and uses of the Russell Yasuda Kasai financial planning model ［J］. Operations Research，1998（46）：450 – 562.

④ Mulvey J M，Thorlacius A E. The Towers Perrin Global Capital Market Scenario Generation System：CAP：Link ［M］//W. Ziemba and J. Mulvey（eds.），World Wide Asset and Liability Modeling. Cambridge University Press，1998：499 – 528.

⑤ Hoyland K，Wallace S W. Generating scenario trees for multistage decision problems ［J］. Management Science，2001（47）：295 – 307.

事件树来应用层式采样程序，以解决多阶段随机规划问题。

朱书尚（2003）提出了基于矩逼近的情景生成线性规划方法[①]。

吉小东等（2006）提出一种基于聚类分析的多阶段情景生成方法，并给出了排除套利的线性规划模型[②]。

（2）随机模拟。

该方法以财务状况、现金流为基础。运用这一方法，我们可以得到数以千计的随机情景，获得重要的预测数据的完整的概率分布，如利润、保费、损失率等。同时，该方法要求建立随机模型。随机模型是通过使用带有随机变量的金融市场模型经济指标实现的，通常模型定义了每个资产类型的一组均值和标准差，以及该类型变量之间相关关系的密切程度。以定义的标准差为基础，现金流和负债通过一系列法规、红利策略、维持率、准备金利率等与情景假设相连接，从而净现金流和负债可以被预测出来。概率测度是通过给出某个结果的情景假设的比例来确定的，例如偿付能力不足可以用在预测期间内在任何时点造成偿付能力不足的情景假设的比例进行估计，这种技术要求大量的情景假设、随机调查和选取恰当的计算机技术。随机模拟是动态财务分析（DFA）技术常用的方法。

保险公司动态资产配置通常包括如图 2.2 所示的几个阶段。

---

①　朱书尚：《多阶段投资组合选择及其风险控制》，博士学位论文，中国科学院数学与系统科学研究院，2003。

②　吉小东、汪寿阳、李振涛：《一种基于聚类分析的多阶段情景生成方法》，《系统工程理论与实践》2006 年第 7 期。

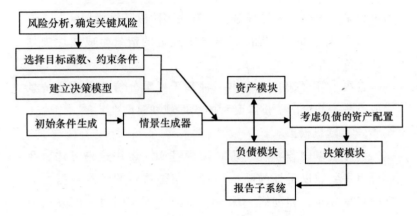

图 2.2　保险公司动态资产配置过程

米勒（Miller）、拉普（Rapp）、赫伯斯（Herbers）和特里（Terry）在 1998 年开发出了 DFA 应用软件——DynaMo 3.0，该软件是基于 Microsoft Office Excel 和 @ Risk 运行的。DynaMo 3.0 情景生成器主体由利率产生器、投资产生器、巨灾产生器、损失分配产生器、核保产生器和税收产生器等模块组成。实际上，情景发生器涵盖的内容要视实际风险发生情况而定。

（三）动态财务分析研究评述

在 DFA 使用过程中，目标函数的确定和决策模型的选择是一项非常复杂的工作，总结各类有关文献，动态资产配置模型主要分为四种：随机规划模型、决策规则模型、资本增长模型和随机控制模型。目标函数则要根据保险经营的特点来构筑。人寿保险公司动态资产负债管理的目标是要保持资产负债的动态平衡，或保持资产负债净现金流量或利率期限结构来描述管理目标。常用的指标有前面介绍过的净现值、凸度、利率期限结构等，由于财产保险公司的经营非常复杂，影响资产负债的变动因素比较多，利率、经营费用、佣金支付水平、保单失效率、退保率、分红比例等的变化，都会影响负债的净现金流。另外，资产组合净现值还受投资风险收益、投资结构、资本市场利率变化等因素的影响，这些都可作为目标函数的变量，然后考察各变量与经营目标指标的相互关系以确定决策模型。当目标函数和决策模型建立后，可将其定制到计算机系统中，以实现对基础数据的实时动态观测，跟踪各变量对资产负债的影响。

动态资产配置的过程是多情景现金流检测技术的动态应用过程，它与多情景现金流检测的区别不仅体现在其实现了动态测试，而且还加入了除利率因素以外的其他影响因素。从公司财务管理的角度来看，这是一项比较先进、比较科学的财务管理技术，也代表着未来几十年财务管理与财务预测的趋势。

第二节　理论基础

一　保险风险理论

美国学者海尼斯·J.（Haynes J.，1895）定义了风险的概念，他认为："风险意味着损害的可能性。某种行为能否产生有害的后果应依其不确定性界定，如果某种行为具有不确定性时，其行为就反映了风险的负担。"[1] 法国学者莱曼（Leimann，1928）明确将风险定义为"损害发生的可能性"。

---

① Haynes J. Risk as an Economic Factor［J］. The Quarterly Journal of Economics, 1895：409 – 449.

（一）保险业经营风险理论

美国精算师协会（AAA）将保险公司的风险分为资产风险、保费定价风险、资产负债组合风险和其他风险四类，具体内容是：（1）资产风险，即保险资金的借贷者无法完成对保险公司的偿付或保险公司的资产发生贬值，包括利率风险、信用风险、市场风险和货币风险；（2）保费定价风险，这主要表现为未来投资收入的不确定性、被保险人要求索赔的频率和数额的不确定性以及公司管理运营成本的不确定性等，它一般发生在当保险公司收取的保费不能满足后来对被保险人的实际赔付时；（3）资产负债组合风险，即市场利率和通货膨胀的变动会影响到公司资产和负债的价值，一旦形成对资产和负债不同程度的影响，便可能产生负债价值超过资产价值的风险；（4）其他风险，包括税务、监管或法律方面的变动对投资收益率造成的变动。

圣多马罗（Santomero，1997）等人进一步细化了这种分类，他们将保险公司的金融风险分为六类，其中包括：（1）精算风险，即因保险公司通过出售保单或通过负债融资而导致的风险；（2）系统风险，即保险公司的资产和负债价值随着市场系统风险而变化的风险；（3）信用风险，即保险公司的债务人无法完成对保险公司偿债的风险；（4）流动性风险，即保险公司在需要资金周转时所面临的资产无法及时变现的风险；（5）操作风险，即保险公司处理理赔不当或违反监管要求的风险；（6）法律风险，即保险公司、管理者或个人在企业运营中违反法律行为的风险。

弗拉维奥·普雷斯科（Flavio Pressacco，1995）认为，金融企业可以根据损失发生的类型来定义和识别风险。他认为，金融企业在经营过程中存在三类损失（风险）：第一类是无论情况怎么改变，都有一个固定的损失；第二类是由金融企业可控范围之外的因素导致的损失；第三类是由金融企业可控范围之内的因素导致的损失①。这种分类是从策略角度进行的，但界限并不明晰。

奥德菲尔德和圣多马罗（Oldfield and Santomero，1997）根据金融企业的特点，从风险控制的角度出发将金融企业中的风险分为三类：一是可以减少和避免的风险；二是精算风险，即可以在所有参与者之间进行转移的风险；三是需要企业采取主动策略管理的风险②。这一研究为在风险划分前提下的风险控制研究奠定了理论基础。

格贝尔（Gerber，1979）、佩索宁（Pesonen，1984）、卡明斯（Cummins，1985）和德瑞格（Derrig，1989）详细研究了如何对保险企业中的"精算风险"进行管理的问题。精算风险的控制属于保险公司的承保业务范围，它是建立在概率论和数理统计基础上的严格定量风险控制。从这个角度来说，精算风险控制本身就是保险业发展的必要条件之一。这些研究的贡献在于，作者通过对保险公司精算过程中的经验加以总结，将精算风险的控制从实际操作层面提升到了风险控制理论的高度。

与保险企业风险控制理论相关的还有风险测度技术，即如何对风险进行量化和控制研究。根据克里斯托弗博士和李·马歇尔（Dr. Christopher and Lee Marshall，2001）的研究，风险

---

① Flavio Pressacco. Financial Risk, Financial Intermediaries and Game Theory G. Ottaviani（Ed.）［M］//Financial Risk In Insurance. Springer_Verlag Berlin Heidelberg，1995.

② Oldfield G, Santomero A. Risk Management in Financial Institutions［J］. Sloan Management Review，1997，38（3），33 – 46.

测度技术包括从上至下法与从下至上法。前者先设定综合目标（如净收益率最大化），然后分析哪些风险因素和损失事件影响目标的波动；后者先将目标分为诸多小目标，然后逐一分析小目标的风险因素和损失事件，再将这些因素综合起来。比较而言，从上至下法操作更为简便，而从下至上法则更为精确。由风险测度技术可以进一步获得相关的数理模型，进而解决风险控制的问题。

（二）保险业投资风险理论

1948 年，英国精算师佩格勒（Pegler）提出了保险投资的四大原则：一是保险投资的目的是获取最大的可能收益；二是为了保障资金的安全，保险投资应尽量分散；三是投资结构应该多样化，保险公司的投资经理应当根据未来趋势选择新的投资方式；四是保险投资政策应该兼顾社会效益和经济效益，应符合社会经济发展的趋势。

保险企业承担社会保障功能，因此其资产配置必须以保证保险公司财务运作的稳健性为前提。保险投资风险理论主要在理论层面讨论投资风险的成因、投资风险与偿付能力的关系、投资品种结构对投资效果的影响等方面。

克雷默（Cramer, 1930）首先提出了风险在保险企业投资问题中的意义。他认为，对于保险公司的所有者而言，他们的个人资产不会由于保险公司破产而承担任何风险，因此他们很少关心保险公司的财产安全。而作为"代理人"的保险公司管理人员，要对保险公司的盈利能力负责，因此在核保与投资时都有可能过度冒险，这在短期内可能会产生效益，但会给保险公司带来巨大的偿付能力风险，很有可能会导致保险公司破产。克雷默强调，保险企业不仅要注重承保业务，同样需要注重投资业务，投资风险也是保险企业的发展面临的重要风险。

克雷默将风险理论开创性地引入了保险企业的投资研究。在这之后，保险企业投资风险的研究大致可以分为投资风险与承保风险之间的关系、资本结构风险、管理中的"代理人"等几个方面。

肯尼（Kenney，1949）提出保险公司的投资风险与承保风险之间存在紧密联系的观点。在肯尼研究的基础上，人们进一步从理论和实践相结合的角度研究保险公司投资风险和承保风险的关系。杰克逊（Jackson）试图通过随机过程的方法研究投资与承保之间的关系；戴恩德（Dained）从实证角度对131家多行业承保的保险公司进行统计分析。尽管采用的方法和角度不同，他们的研究结论却基本一致，即随着承保风险增加，保险公司会降低风险投资比例，在投资资产中股票比例份额将会减少。

休斯顿（Houston）则在两大风险理论的基础上，研究如何定义和度量风险问题，由此提供了将风险理论应用于保险公司投资风险的预测和估计的依据。至于如何定义和度量投资风险的问题，则是由卡恩（Kahn，1964）引入数理模型加以处理的。卡恩研究了如何将特定的数学模型用于保险企业投资风险预测中，并且阐述了如何将一些简单模型优化成更加复杂的模型，从而达到更高的估计和预测的精确度，并且这些复杂模型可以应用于解决更加广泛的问题。

还有的学者从保险公司资本结构与保险公司投资风险关系的角度出发进行研究。米夏艾尔森和戈西（Michaelsen and Goshay，1967）、哈林顿和纳尔逊（Harrington and Nelson，1986）从定量的角度分析了保险公司投资风险与资本结构的相关性，他们认为保险公司的资本结构是影响投资风险的一个重要因素。他们的研究得出结论：保险企业投资风险的大小与保险公司负债比例的大小成反比，也就是说，保险公司投资资金中来源于负债部分的资金越多，保险企业的投资风险就越小[1][2]。然而，这些研究都缺乏理论上的证明，在假设中，也缺乏对保险公司目标效用函数的设定。

巴贝尔（Babbel，1994）认为，既然不同的保险公司具有不同的保险产品和经营方式，统一的投资管理方案很难适合所有保险公司。他与反对实行"鸽子笼"（Pigeon Hole）式的投资管理（即区别不同的资产类别，进行不同的资产比例限制）的学者和专家们认为，"鸽子笼"式的投资管理在防止那些资本不足的保险公司采用不适当的投资战略进行大规模风险投资的同时，也阻碍了那些资本充足、具有良好动机的保险公司进行适合自己的投资组合，从而影响了投资效率。

二　契约理论

以上研究内容注重将传统的风险度量手段运用于保险公司投资风险度量中，但所有这些模型都不够精确，不能描述所有保险企业投资中的可变元素。与此同时，还有一部分保险投资学者在马科维茨（1959）的组合投资理论和夏普的金融理论基础上，从资本市场的角度根据投资学的一般原理展开。研究的瓶颈在于对投资人的假设，于是有学者将"契约理论"引入保险公司资产配置研究过程中，形成一个新的研究领域。这

①　Michaelsen J B，Goshay R C. Portfolio Selection in Financial Intermediaries：A New Approach Journal of Financial and Quantitative Analysis ［J］.1967，2（2）：166 - 199.

②　Harrington E，Nelson J. A regression - based methodology for solvency surveillance in the property liability insurance industry ［J］. Journal of Risk and Insurance，1986（53）：583 - 605.

一领域与保险投资相关的主要是委托代理理论。

从"委托代理"角度来研究保险公司投资风险的主要有两种截然不同的理论：一种是"财富转移效用论"。该理论是在加莱伊和马萨利斯（Galai and Masulis，1976）的期权定价理论的基础上，由桑德斯（Sounders，1990）、布莱克和斯基珀（Black and Skipper，1994）、斯坦肯和巴贝尔（Staking and Babbel，1995），以及卡明斯和萨默斯（Cummins and Sommers，1996）发展起来的。桑德斯认为，当公司的投资管理者对公司的所有权越大，投资管理者的利益就会越趋同于股东利益，因此投资管理者会越趋于选择风险大的投资资产。布莱克和斯基珀研究了股份制寿险公司的投资业务与承保业务在管理上的分工关系。卡明斯和萨默斯的研究也发现，在财产保险公司中，投资管理者对公司的所有权越大，投资管理者就会越趋于选择高风险的投资资产。另一种是"风险厌恶效用论"。它是由史密斯和史图斯（Smith and Stulz，1985）提出的，该理论认为：当投资管理者对公司的所有权越大时，投资者越愿意选择风险小的投资资产。这是因为，他们会从企业生存的长远角度来考虑自身利益。梅（May，1995）对非金融企业展开研究，对该理论进行了证实。陈（Chen，1998）等还运用一些托管企业作为样本证实了该理论。

实际上，委托代理理论解决的是投资决策者的风险偏好问题，投资决策者的风险偏好决定了投资风格是激进还是保守，是追求利润最大化还是风险最小化的投资策略。

三 金融市场对接理论

金融市场对接理论由金融深化理论（Financial Deepening）、金融创新理论（Financial Innovation）和制度创新理论

（Institutional Change）演绎而来。20 世纪 70 年代，针对发展
中国家，R. I. 麦金农（R. I. Mckinnon）和 E. S. 肖（E.
S. Shaw）[①]提出了金融深化（Financial Deepening）的新概念。
金融深化指国民财富货币化和社会资本金融化的深度，该理论
提出的一个基本问题是如何发展一个健全的金融体制，使之能
有效地进行资本配置。R. I. 麦金农和 E. S. 肖认为金融深化的
过程就是解除金融压制的过程，而消除市场分割、实现市场整
合是其一个重要的内容。金融深化的重要特征就是金融子市场
之间的融合与对接（见图 2.3）。

图 2.3　金融市场对接示意图

　　理论上，保险市场与资本市场的对接是一国金融体系内部
系统性结构整合与发展的深化过程，也是一个由市场分割走向
市场融合的制度变迁过程，其内容不仅涉及两个市场的资金互
动，还包括资本市场为适应保险机构入市在交易机制、产品结
构、交易介质、风险监控等方面的改革创新以及保险机构自身
的管理框架、监控制度、经营战略、产品结构等方面的调整和
创新。从实践上看，各国两市场对接的进程中涌现了大量成功
的案例与值得借鉴的对接模式，但也不乏失败的教训。总体而

　　① Shaw E S. Financial Deepening in Economic Development ［M］. Oxford,
1973.

言，发达国家在对接的实践中走在世界前列，有众多成功经验可循，且一般而言，成熟国家保险市场与资本市场对接主要通过以下三条渠道进行：资金对接、产品（服务）对接和制度对接。

国外关于保险市场与资本市场对接模式的探讨已是一个古老的话题，1929 年大危机之前西方国家就有金融混业经营和不同金融子市场间对接的实践。20 世纪 90 年代，以美国《金融现代法案》的出台为标志，西方国家再次走上混业经营的道路。从目前的研究方向来看，由于发达国家两市场对接模式已基本形成，现有文献大多集中在保险资金运用具体问题以及保险资金资本市场投资定量分析技术和风险控制理论的研究上。

在保险投资风险控制理论方面，施莱辛格和杜尔特（Schlesinger and Doherty，1985）将企业风险管理理论成功地引入到保险领域，提出要对各种风险进行综合管理的思想。格贝尔和比尔德（Gerber and Beard，1979），佩蒂戴恩和佩索宁（Pentitainen and Pesonen，1984）以及卡明斯和德瑞格（Cummins and Derrig，1989）在概率论和数理统计的基础上具体研究了保险精算的风险控制和管理，从而将风险控制从实际操作层面提升到了风险控制的理论高度。

巴贝尔（Babble）和克洛克（Klock）（1988），兰姆·坦南特（Lamm - Tennant，1989），布尤科和西格尔（Bouyoucos and Siegel，1992）的分析则表明保险企业资产负债匹配的风险管理手段与企业的利润目标存在一定的冲突，如何协调二者之间的关系是未来保险风险控制理论发展的方向。另外，圣多马罗（1995）和巴贝尔（1997）从保险技术工具选择的视角提出了风险管理的具体思路，并详细论述了保险风险管理的四种主要技术工具。

四　保险企业资产负债管理理论

资产负债管理是银行、基金公司和保险公司等金融机构中常用的一个概念。这些金融机构为使其经营更加稳健，更具盈利能力而对其资产与负债的管理进行协调，这样的协调就称为资产负债管理，简称 ALM（Asset Liability Management）。

保险公司运用资产负债管理技术的根源可以追溯到 1800年，第一位现代意义上的精算师、伦敦公平人寿保险协会的威廉·摩根（William Morgan）首先指出：金融机构需要保持充足的准备金来覆盖未来负债，需要结转盈余保证金，并且需要对利润的来源进行分类与度量。保险公司原本习惯于将产品设计及承保与投资分开管理。但是随着保险资金运用的重要性越来越突出，保险资产和负债之间所体现出来的相关性也越来越强——负债现金流的变化会影响投资资产的变化，而投资收益则会影响保单持有人的行为，从而影响负债的变化。在这个意义上讲，将资产和负债进行统一管理是有必要的。

1952 年，保诚（Prudential）保险公司的首席精算师弗兰克·M. 雷廷顿（Frank M. Redington）首次引入组合免疫①的思想，其基本思路：一是在评估投资资产时同时考虑负债；二是当资产要覆盖负债时，同时考虑久期的匹配。

20 世纪 80 年代后期，在美国，由于利率波动和利率波动引起的旧的利率敏感型保单的失效、新型利率敏感型保单的推出以及保险业在信用市场投资遇到的麻烦，使得美国州保险局的监管者认识到，过去保险公司依据对利率和保单持有人行为

---

① 　Redington F M. Review of the Principles of Life – Office Valuation［J］. Journal of the Institute of Actuaries，1952：286 – 340.

的静态假设制定保费的方法随着环境的变化已经失效，因此作为风险管理有效手段的资产负债管理得到了迅速发展。

为了解决静态分析的不足，美国精算专家和纽约州保险局一起提出了资产充足性分析的概念，并要求对保险公司账面准备金的充足性进行动态测试。同时，其他国家的一些公司和研究机构的精算实务人员、保险学者开始从动态角度，将风险价值（VaR）方法、资产负债管理模型、随机资产模型、情景测试、随机模拟等方法运用到保险业风险分析中。

也正是在金融市场波动的背景下，保险评估机构和监管者认识到保险业对整体金融风险十分敏感，并开始考察利率或证券价格的波动状况对保险企业资产状况的影响。在某些不确定经济条件的影响下，美国寿险业、加拿大和英国等地的产险及意外险公司，纷纷开始重视自身的"承保责任"和"投资组合"之间的协调管理，即将原来分开的"资产管理"与"负债管理"业务放在同一个"资产负债管理"框架下进行统一管理。由此，以现金流测试、现金流匹配、免疫技术、持续期和凸度，一直到近几年发展起来的动态财务分析等为代表的资产负债管理技术在保险公司经营中广泛而迅速地应用开来。动态财务分析技术，既可用于管理特定产品风险，也可用于分析公司整体风险；既可用来考察投资策略，也可用来做公司其他战略性分析。目前，国外保险公司动态财务分析技术正在迅速发展和更新，在保险公司风险管理中得到了广泛的认可和应用。

第三节　对现有保险公司资产配置理论相关研究成果的综合评述

本章从保险企业资产管理的基本理论出发，对投资组合理论、保险公司资产配置理论、动态财务分析技术做了详尽的文献整理，并对本书的理论基础进行了全面阐述。通过文献整理与理论阐述，经研究发现：

（1）由于现代保险企业资产负债管理观的普遍接受，保险企业资产配置问题与其他非保险金融机构或企业的不同在于，其资产配置要考虑保险公司负债的性质，资产管理要与负债管理相适应，不仅要考虑盈利能力，还要考虑资产的安全性、流动性等问题。

（2）从国内外投资组合选择的相关理论和模型发展的趋势上看，经历了从单期到多期、从动态规划到随机规划的过程，多阶段随机规划因其具有的整体性和灵活性等特点，已经成为占有重要地位的方法。但其缺点在于，随着研究问题因素和阶段数的增加，求解难度急剧增加。

（3）风险评估手段经历了马科维茨的方差分析、半方差分析、VaR 方法逐渐向风险一致性度量方法演进，目前被证明比较符合投资者风险认知与操作习惯的风险评估手段为CVaR，特别是当投资组合损失的密度函数是连续函数时，CVaR 具有次可加性，是良好的一致性风险度量手段。

（4）在保险公司资产配置模型选择方面，有两种不同的发展方向：一是将负债约束等保险公司的经营特征纳入马科维茨的均值—方差模型体系中重构模型；二是以多阶段规划模型的理论体系为框架，考虑保险资金投资的特征构建模型。前者的研究已经有几十年的历史，但未能产生具有良好实践效果的模型，而在后者理论方法下，国外学者发展了一些较为成熟的模型，且已取得了较好的应用效果。而国内学者对后者的相关研究还更多的是处于理论探讨阶段，用于我国保险公司资产配置实践的研究成果很少。

考虑到投资组合选择的决策是一项与投资主体的风险偏好和投资环境密切相关的行为，而从我国保险业和金融市场发展的现状来看，不论是相关制度、运行体制、监管方式，还是某些基本规律都与国外有所不同，因此相关的方法与模型都不能直接应用于我国的保险企业资产配置实践当中。本书将立足我国金融市场的现状，采用动态财务分析技术的核心思想，首先构建情景模拟风险模型，与我国宏观环境以及保险公司经营现实相结合，基于资产负债管理观的视角，建立多阶段随机规划模型，并进行模拟计算，对我国保险企业资产配置问题进行研究分析。

第四节　本章小结

本章对投资组合理论、保险公司资产配置理论、动态财务分析技术的相关研究成果进行了文献综述，并从保险风险理论、委托代理理论、金融市场对接理论以及保险企业资产负债管理理论等几个方面对本书可能涉及的理论基础进行了归纳总结，得出结论：（1）保险公司资产配置要考虑负债约束；（2）多阶段随机规划模型是未来保险公司资产配置模型的主流；（3）CVaR 是风险测度的一致性度量手段；（4）本书拟采用动态财务分析技术的核心思想，基于资产负债管理（ALM）的视角，构建保险公司情景模拟风险模型，在此基础上，尝试建立多阶段随机规划模型，并进行模拟计算，以对我国保险企业资产配置问题进行研究。

第三章 保险公司的本质与保险公司资产配置

第一节 保险公司的本质

迪特尔·法尔尼（Dieter Farny，2000）用资本市场理论、契约理论等讨论了保险公司经营的本质，他认为：第一，保险公司不同于传统的金融中介；第二，某个保险合同可以视为具有现金流性质的特殊契约；第三，保险企业是建立在"金融契约"基础上的资产与负债均衡的统一体[①]。

传统的金融中介有以下几个基本功能：（1）期限中介，即将金融市场上不同期限的金融资产进行对接，如发行期限相对较短的金融产品以及衍生品，同时购入期限较长的金融资产，通过连接不同期限的金融产品，获取期间利润，同时完成金融资产市场配置；（2）提供支付功能，即将不能用于支付的资产转变为可以支付的资产，如房地产抵押业务；（3）通过分散投资降低非系统风险，即通过不同的资产配置，将高风险资产转变为风险较低的资产；（4）降低资产流通过程中的交易成本，这是由于金融机构在资产信息处理方面具有规模

---

①　［德］迪特尔·法尼：《保险企业管理学》，张庆洪、陆新译，经济科学出版社 2002 年版。

效应。

安东尼·桑德斯（Anthony Saunders, 1997）进一步将金融中介机构的职能归纳为两种：第一是经纪人职能（Brokerage Function），即金融中介机构为金融交易双方提供信息与交易服务，从而有效降低交易成本，最大限度地保障信息的对称性；第二是资产转换功能（Asset - transformation Function），即金融中介机构可以将不能用于流通的资产转换为可以流通的资产，或是在不同期限的资产之间建立转换渠道。

保险公司是一类特殊性质的金融中介机构，它除了承担传统金融中介资金融通的功能，同时还承担社会风险管理的职能，因此保险公司的本质具有二重性：保险一方面具有自然属性，主要表现在保险集合了具有同质风险的众多单位与个人，通过合理的责任分摊，实现对个体的风险补偿；另一方面是社会属性，表现在：保险是多数单位或个人为了保障其经济生活的安定，在参与分担少数成员因偶发的特定危险事故所致损失的补偿过程中形成的互助共济价值形式的分配关系。前者揭示了保险的补偿和保障功能，而后者则反映了互助和（价值与风险）分配机制，这也是保险有别于银行、证券、基金等金融工具的本质所在。

一　保险公司的业务范围

迪特尔·法尔尼（2000）认为，保险公司经营的业务可以分为三类：风险业务、储蓄与用储业务以及服务性业务。其中，风险业务是保险业务的核心，它是投保人通过给予合理的对价，将可能出现的符合一定概率分布的风险损失转移给保险企业的金融合同。风险业务主要有人寿保险、财产保险、意外伤害保险、健康险等。储蓄与用储业务是指保险企业根据法律与合同规定，代投保人理财，将投保人缴纳的储蓄金按约定的形式返还给投保人，此类业务与银行的储蓄与用储业务类似。金融服务类业务主要包括投资理财咨询、业务流程处理、培训与辅导等方面。保险企业与其他金融机构在操作层面、资产负债管理方面以及面对的市场风险方面都有巨大差异。

保险公司按其业务范围可以分为寿险公司和非寿险公司。我国《保险法》第九十五条规定：

> 保险公司的业务范围：
> （一）人身保险业务，包括人寿保险、健康保险、意外伤害保险等保险业务；
> （二）财产保险业务，包括财产损失保险、责任保险、信用保险、保证保险等保险业务；
> （三）国务院保险监督管理机构批准的与保险有关的其他业务。

保险人不得兼营人身保险业务和财产保险业务。但是，经营财产保险业务的保险公司经国务院保险监督管理机构批准，可以经营短期健康保险业务和意外伤害保险业务。

从经营的业务范围可以看出，财产保险经营的范围比较广，它包含了除人身保险以外的所有保险业务，业务覆盖经济生活中几乎所有的风险方面。

二　保险公司的本质属性

根据金融中介理论，保险公司在经济生活中充当了风险转移中介、资产转换中介、交易中介的职能，具体表现在以下几个方面。

（一）风险转移中介

保险以各种有形物质或无形利益作为保险标的，通过风险责任分担，达到对个别风险承担人的经济损失进行补偿的目的，其实质是一种社会化的经济补偿制度，客观上达到了稳定社会经济生活的目标。从理论上讲，投保人或被保险人发生保单约定的保险事故时，可以从保险公司获得经济补偿，但是不会获得额外收益。其中财产保险公司即使存在重复投保的情况，保险人也会根据各种分担的比例进行经济补偿，不会出现对同一保险标的的重复补偿以致投保人或被保险人获得额外的经济收益。

（二）资产转换中介

保险公司可以将各类保险单做证券化处理，作为融资工具向居民或其他金融机构募集资金，同时保险公司有资产增值需求，通过购买其他企业发行的股票、债券等产品实现资产的保值增值。保险公司这一职能实际上是将风险视为产品，利用保单作为媒介筹集资金，再将资金投资于其他金融形式，从而形成保险公司的盈余。

（三）交易中介

保险公司同一般的金融中介机构一样，能帮助消费者在选择投资产品时降低信息搜集成本、流动性成本以及交易成本。

第二节　保险公司的社会福利效应

一　交易成本与保险市场有效性

保险公司作为保险人，与被保险人（或投保人）的关系是交换关系，被保险人（或投保人）通过缴纳保费将风险转嫁给保险人，保险人收取保费，对被保险人的风险损失承担补偿责任。因此，保险交易过程是风险社会化管理的手段，是社会总体福利的帕累托改进（Pareto Improvement）。

（一）保险交易成本影响保险市场运行效率

一个有效的保险市场，是风险能充分转移并分散，保险人与投保人能充分交易从而达到风险最优配置的市场。换句话说，一个有效的保险市场必须具有完备的市场体系，包括：原保险人（股份制保险公司、相互保险公司、互助合作组织、专业自保公司等）；保险中介机构（保险代理人、保险经纪人、保险公估人等）；保险业监管机构（保险监督管理委员会）；为投保人（被保险人、受益人）提供信息咨询和法律服务的中介机构，如独立信用评级机构、会计师事务所、审计师事务所以及律师事务所等。完备的保险市场体系是保证保险市场有效率的前提。

但是，仅仅具有完备的市场体系以及充分竞争的市场结构，并不能保证市场的有效性。新古典经济学家认为在交易费用为零的市场中，充分竞争的结果都是帕累托最优，即不可能在不降低其他人的福利水平的前提下，使得至少一人的福利水平得到提高的一种资源最优配置状态。可是，在交易成本不为零的现实世界中，保险市场无法使资源配置达到帕累托最优。

（二）保险市场交易成本的影响因素

威廉姆森（Williamson，1979）认为交易成本的存在取决于有限理性、机会主义和资产的专用性三个因素①。有限理性（Bounded Rationality）是指人们主观上追求理性，但客观上只能有限地做到这一点；机会主义（Opportunism）是指人们会

---

① Williamson O E. Transaction – Cost Economics: The Governance of Contractual Relations [J]. Journal of Law and Economics, 1979 (22).

有采取不诚实或是欺骗的手段追求自身利益的倾向。资产的专用性实际上是衡量某一资产对交易的依赖性，资产专用性越强，事后被"要挟"（hold‐up）的可能性越大，交易成本越高，因此对此类交易的合同条款以及保护措施要求越严格。威廉姆森进一步从交易的维度分析了交易特性，认为影响交易成本大小的因素主要有三个维度：资产的专用性、不确定性和交易频率。威廉姆森认为，在有限理性、机会主义、未来的不确定性和小数额交易四种市场条件下，市场有可能因为交易成本过高而失效。

二　保险交易与社会福利效应

保险公司是集中处理风险的企业，根据个体对待风险的不同态度，可以将人们分为三种类型：风险厌恶、风险中立以及风险偏好。风险对于不同风险类型的人的效用存在很大差别。我们假设理性人都是风险厌恶的，特别是对于那些只有纯粹经济损失而无获利性的纯粹风险来说，理性人倾向于避免风险。

我们通过效用函数分析方法解释保险公司对社会福利的效率增进。假设某人财产标的的价值为 w，该财产面临的风险满足随机变量特征设为 X，且 $0 \leqslant X \leqslant w$。若此人为其财产全额投保，需要支付纯保险费 H，不论是否发生损失事件，投保者确定拥有的财产价值为 $w-H$，设 $u_{(x)}$ 为效用函数，$E_{(x)}$ 为期望函数，则纯保费 H 满足：

$$u(w-H) \geqslant E[u(w-H)] \tag{3.1}$$

设 H^{*} 为该投保者愿意支付的保险费的最大值，则下式成立：

$$u(w-H^{*}) = E[u(w-H)] \tag{3.2}$$

对于随机变量 X，根据詹森不等式，有 $E\left[u_{(x)}\right] < u$

$[E_{(x)}]$，因此：

$$u(w - H^*) = E[u(w - H)] \leqslant u[E(w - X)] \qquad (3.3)$$

由于 $u'_{(x)} > 0$（风险厌恶），所以：

$$H^* \geqslant E_{(X)} \qquad (3.4)$$

因此，理性的投保人愿意支付高于期望损失值的价格以获得财产的保险保障，保险交易可以增进投保者的福利水平。

下面再分析保险人的社会福利水平，假设保险人的效用函数为 $v_{(x)}$，初始财产价值为 W，保费收入为 G，一旦发生损失，需要支付赔款 X，其财产价值变为 $W + G - X$，对保险人来说，应该有：

$$v_{(W)} \leqslant E[v(W + G - X)] \qquad (3.5)$$

设保险人愿意承担的最低保险费为 G^*，则：

$$v_{(W)} \leqslant E[v(W + G^* - X)] \qquad (3.6)$$

根据詹森不等式，假设保险人也是风险厌恶者，即 $v'_{(W)} > 0$，则 $G^* \geqslant E_{(X)}$。

投保人与保险人相比，投保人投保的目的就是尽量避免风险，而保险人是风险的承担者，因此相比之下，投保人的风险厌恶强度要远远大于保险人，所以对于可保风险而言，$H^* > G^*$，则保险价格应当介于 H^* 与 G^* 之间。

因此得出结论：对于投保人与保险人，不管最终市场价格为多少，双方都可获得社会福利改善。

第三节　保险公司资产管理与风险

一　保险公司资产配置的风险管理特征

保险公司早期的资产管理主要专注于利率风险管理，与负债无关。随着保险业务的复杂化，渐渐延伸到资产负债不匹配风险管理，这里的不匹配包括两个方面：一是资产负债的期间不匹配；二是资产负债价值不匹配。实际上，狭义的资产负债管理解决的就是资产负债不匹配而造成的经济损失风险，因此资产管理的一项重要内容是针对某一特定风险进行管理。

保险公司资产配置的最终目的是完善企业的财务结构，保证企业的资本充足性，保障企业偿付能力。迪特尔·法尔尼（2000）认为，保险企业的资产负债管理应被看作是统一的、与整个企业相关的财务政策，其目的在于实现保险业务（负债）和资本投资业务（资产）组合之间的风险平衡。从这个角度讲，资产负债管理就是财务风险管理的一种重要手段。

对于保险公司来说，在进行资产负债相关风险决策时应考虑如下几个问题：一是公司负债业务（主要是承保业务）规模应当控制在何种水平；二是公司资产配置应采取何种策略才能保证风险与收益的平衡；三是保险公司如何确定最优资产负债结构，从而使得股东财富最大化。实际上，保险公司资产配置的核心问题就是如何从时间结构与价值大小两个角度为企业提供充足的资本，以抵御资产不能弥补负债的风险，这种财务风险控制要建立在对未来现金流准确预测的基础上，并对面临的风险进行结构化处理，通过建立合适的资产管理策略和负债管理策略加以解决。

从公司财务角度看，保险公司的风险可以分为企业经营风险（负债方风险）与资产管理风险（资产方风险），以及由于资产方与负债方的风险来源不同导致的资产负债不匹配风险。因此，保险市场的变化、资本市场的波动、利率与通货膨胀对账面价值的影响、企业资本结构的变动等都是影响保险公司资产配置决策的主要因素。

二　保险企业经营的风险特征

保险企业的风险是指保险企业在提供金融服务和经营过程中，由于各种不确定因素的影响，使得保险企业的实际收益与预期收益发生背离，从而蒙受经济损失或获取额外收益的机会与可能性。保险企业风险是金融风险的一种，它除了具有一般企业的风险特征外，还具有自身的特征。

（一）经营风险与财务风险的混合性

保险公司的资金来源除了资本金外，大部分来自于投保人缴纳的保费，随时要根据保险合约安排承担保险赔偿与给付的责任。由于保险公司承担的保险责任具有连续性，保险公司需要提取各种责任准备金，这构成了保险公司负债的主要内容，这与一般企业负债经营财务杠杆效应的本质有很大不同。实际上，保险公司的经营风险与财务风险是混合在一起的。

（二）风险相关性

保险公司面对的风险之间往往存在相关性，如通货膨胀率变动时，会引发产品定价风险（负债方）和投资风险（资产方），引起资产方与负债方的价值发生波动，从而使资产负债在时间和金额上不能匹配。

（三）负债特征

特别是财产保险公司的负债现金流具有期限短、波动性大的特点。这是由于财产保险公司的保单大多是短期业务，并且存在巨灾风险，保险企业在承担保险业务时往往根据大数法则厘定保险费率，但有些厚尾风险一旦发生，对保险企业负债现金流的影响是十分巨大的，这给负债方现金流预测带来很多困难。

三　基于资产负债管理的广义保险观

普拉卡什·希姆皮（Prakash Shimpi, 2003）在研究企业整合风险管理时提出了广义保险模型（Insurative Model）[1]。普拉卡什·希姆皮定义了广义的"保险"，他认为：保险是指公司处理所有风险的一系列手段，既包括传统意义上的保险，也包括利用资本市场转移风险的其他形式。资本是为了保证为公司经营过程中产生的风险提供安全保障，公司通过保险或其他衍生金融产品转移这些风险。实际上，广义保险模型的核心思想就是要求公司所有资本要覆盖公司所有的风险。用模型语言表达就是：

$$公司资本 = f（公司风险）= 覆盖公司风险的资本需求$$

$$(3.7)$$

或是：

$$实收资本 + 表外资本 = f（自有风险）+ f（转移风险）$$

$$(3.8)$$

对于任何企业，债权具有最高优先权，其次是中间资本，最后是所有者权益。

首先假设保险企业经营的市场无摩擦，能实现无风险套利，则所有保险公司只能在该市场上获得无风险收益。假设某财产保险公司开业初始仅拥有所有者权益资本，资本额为 X，市场无风险利率为 r_f，如果该企业没有任何债务（即没有任何经营），其市场价值为 M，则 $X \times r_f = M$。

---

① Prakash Shimpi. Asset/liability management as a corporate finance function [J]. Asset/Liability Management of Financial Institutions. London UK：Euromoney Institutional Investor, 2003.

　　此时，该财产保险公司引入保险业务，即增加负债资本，假设债务额为 Y，则理论上 $(X + Y) \times r_f = M$。但是此时债权人要求的回报与权益所有人要求的回报是不同的，因为债权人比权益所有人具有优先权，实际上就是权益所有人代替债权人承担了额外的风险，因此权益所有人要求的风险回报要高于债权人。所以，债权人为了获得风险较低的收益，要放弃部分收益，假设放弃的收益是 r_b，债权人获得的收益率是 $r_f - r_b$，假设权益资本的所有人获得的风险补偿是 r_c，则权益所有人的收益率是 $r_f + r_c$。

　　对于权益所有人来说，其承担了更多的风险，要求获得风险补偿，因此有：

$$X \times (r_f + r_c) = Y \times (r_f - r_b)$$

从而：

$$r_f = \frac{Y \times r_b + X \times r_c}{Y - X} \tag{3.9}$$

　　实际上，r_f 就是加权平均资本成本（WACC）。对保险公司的权益所有者来说，为追求股东价值最大化，需要调节资产与负债的比例，即财务杠杆，使得权益收益率（ROE）最大化。

第四节　我国保险公司资产配置概况

一　我国保险公司总体发展状况

　　随着我国经济社会的发展，我国保险业近年来以较为稳定的速度持续增长，表 3.1 列出了 2001—2009 年我国保险业保费收入概况。

表 3.1 2001—2009 年我国保险业概况与同期 GDP 增长率

年份	2009	2008	2007	2006	2005	2004	2003	2002	2001
总保费收入（亿元）	11137.3	9784.1	7035.8	5640	4932	4318	3880.4	3053.1	2109.4
增长率（%）	13.8	39.1	24.7	14.4	14.2	11.3	27.1	44.7	32.2
非寿险保费收入（亿元）	2875.8	2336.7	1997.7	1579	1283	1125	869.4	778.3	685.4
所占份额（%）	25.8	23.9	28.4	28	26	26.1	22.4	25.5	32.5
增长率（%）	23.1	17	26.5	23.1	14.0	29.4	11.7	13.6	14.5
寿险保费收入（亿元）	8261.5	7747.4	5038.1	4061	3649	3194	3011	2274.8	1424
所占份额（%）	74.2	79.2	71.6	72.0	74.0	74.0	77.6	74.5	67.5
增长率（%）	6.6	53.8	24.1	11.3	14.2	6.1	32.4	59.8	45.11
GDP 增长率（%）	8.7	9.0	11.4	11.1	10.4	9.5	9.1	8.0	7.3

数据来源：《中国保险年鉴》（2001—2009），《中国统计年鉴》（2001—2009）

从表 3.1 中可以看出，我国保险业保费收入历年增长速度总体上高于我国国内生产总值（GDP）增长速度。其中，非寿险业在总体上所占比例不及寿险，但非寿险业的发展速度自2004 年后明显高于寿险业，2008 年受国际金融危机影响，增长率只有17%，但2009 年恢复高增长态势，并且一直高于我国国内生产总值（GDP）的增长，这与我国经济高速增长、社会财富不断积累有关。

二 我国保险市场存在的问题

（一）承保风险加大

我国保险市场竞争日益激烈，保险公司的保险代理人员在业绩指标压力的驱动下，过分追求承保数量的增加，而忽视业务质量。主要表现在：一是承保过程中不重视风险责任控制，不能充分准确地识别与评价风险，为开展业务盲目降低承保条件，甚至放弃承保选择，随意添加特殊条款，加大产险公司的业务风险；二是超出保险公司承保能力承保。

（二）理赔风险难以控制

保险核保工作的技术性、专业性关系到保险公司的经营效率，是保险公司风险控制的重要环节。当投保人与保险人之间信息不对称，投保人故意隐瞒风险发生的概率，或是高估保险标的的价值，而保险人如果专业水平较低，对危险单位的识别能力较差时，就容易造成保险公司的潜在损失。

（三）保险公司资本状况较差

保险公司的资本金和公积金是保险公司应对偿付能力的最后一道防线，主要用于保险公司主营业务经营过程中，要求保持其较强的流动性。但目前有些保险公司将资本金用于固定资产的购置，远远高于国家规定的不得超过50％的比例。并且注册资本金不到位的情况也较为严重，有可能严重危害保险公司的偿付能力，是保险公司持续健康经营的隐患。

（四）保险制度不健全

我国保险产业起步较晚，保险市场的预警机制还没有建立起来，与保险业务相关的指数类产品严重缺乏，比如与农业险密切相关的气象指数产品，与巨灾风险相关的地震、飓风风险的评估产品。保险监控机制存在漏洞，使得保险事故发生的概率不断上升，保险赔付率也随之上升。

（五）财务状况堪忧

保险公司是负债经营企业，其负债现金流变动较大，这就要求保险公司提取足够的准备金。目前，我国保险公司的准备金提取状况：一是财产险公司未到期责任准备金和未决赔款准备金提取不足；二是准备金制度不健全，尚未建立已发生但未报告准备金（Incurred But Not Reported，IBNR）；三是总准备金增长与风险责任的增长不匹配，应收保费率较高，内部控制机制缺乏。这些问题直接影响保险公司的偿付能力。

三 我国保险公司资产配置管理现状及存在的问题

（一）我国保险公司总体资产管理状况

自 2003 年以来，我国政府为保险资金运用提供了越来越宽松的政策环境。2003 年，国务院批准保险投资企业债券的范围由 4 个行业扩大至所有 AA 级以上企业债券，投资比例由不超过总资产的 10% 提高至 20%；2004 年，获准直接进入股票市场；2006 年，《国务院关于保险业改革发展的若干意见》（简称"国十条"）鼓励提高保险资金入市比例、支持保险资金投资境外市场、资产证券化、不动产和创投企业，鼓励保险资金参股商业银行；2007 年，股票市场的投资比例由 5% 增加到 10%；2009 年 10 月 1 日，开始实施的新《保险法》从法律层面正式对保险资金投资不动产铺平道路。

随着政策不断放宽，投资收益主导的保险公司盈利状况得到持续改善。自 2000 年至 2006 年，保险投资收益率分别为 4.1%、4.3%、3.14%、2.68%、2.87%、3.6%、5.8%。自 2005 年下半年开始的牛市行情，为保险公司带来了巨大的市场机会，2007 年保险投资收益达 2791.7 亿元，超过前 5 年总和，投资收益率高达 10.9%；虽然在 2008 年由国际金融危机引发的资本市场深度调整使当年投资收益骤降到 1.91%，但在加息通道下，占据保险资金运用最大份额的债券投资和仍然保持一定比例的银行存款，都为保险业带来不错的收益。

　　2009 年在一系列鼓励政策下，我国保险业投资资产总额
从 2004 年的 5711.94 亿元增长到 2009 年的 26897.43 亿元，
保险业的总资产也由 2004 年的 11853.55 亿元增长到 2009 年
的 40634.75 亿元。截至 2009 年底，保险资金运用余额达到
3.7 万亿元。全行业实现投资收益 2141.7 亿元，收益率
6.41%，是 2008 年投资收益率 1.91% 的 3 倍。2005—2009 年
我国保险业总体资产管理情况见表 3.2。

表 3.2　　　　　2005—2009 年我国保险业总体资产
管理情况　　　　　单位：万元、%

年份	2009	2008	2007	2006	2005
原保费收入	111372989.22	97840966.41	70357598.09	56414444.96	49273350.4
增长率	13.83	39.06	24.72	14.49	14.11
总资产	406347543.43	334184386.70	290039208.73	197313218.11	152259680.59
增长率	21.59	15.22	46.99	29.59	28.45
银行存款	105196831.70	80875509.19	65162588.18	59890967.52	52414306.75
增长率	30.07	24.11	8.80	14.26	5.49
投资资产	268974323.95	224652161.10	202056853.78	117962902.38	88944099.59
增长率	19.73	11.18	71.29	32.63	55.72

　　资料来源：中国保险监督管理委员会网站

（二）我国保险公司资产配置存在的问题

1. 政策因素导致系统性风险[①]

由政策性因素导致的证券市场的系统性风险给保险公司投

---

　　① 张弢：《我国保险资产管理的现状与风险分析》，《产业与科技论坛》
2009 年第 8 卷第 7 期。

资带来一定困难。相对于成熟市场而言，我国证券市场尚处于发展的初级阶段，很多问题是与国家经济、金融体制改革相伴而生的，只能在发展中寻求改革与发展的办法。比如：占上市公司2/3的国有股、法人股的流通问题；新股配售问题；宏观经济及货币政策问题；A、B股市场统一问题；等等。这些政策性因素的变化或不确定性都会对证券市场特别是股票市场产生重要影响，由于保险公司目前已经通过直接或间接的手段大规模进入了股市，因此这些政策性因素影响着保险公司投资收益的稳定性。

2. 保险投资行为短期化，期限匹配问题极为严重①

从我国目前保险资金运用状况来看，由于缺乏具有稳定回报率的中长期投资项目，致使不论其资金来源如何、期限长短与否，基本都用于短期投资。这种资金来源和运用的不匹配，严重地影响了保险资金的良性循环和资金使用效果。据统计，我国寿险公司中长期资产与负债的不匹配程度已超过50%；且期限越长，不匹配程度越高，有的甚至高达80%。如表3.3所示，我国寿险业资产与负债的平均期限相差10~15年，远大于日本（8年）和韩国（6年）等国家寿险公司资产与负债的期限差距。期限结构与数量的不匹配，特别是可供保险公司投资的、收益率较高的中长期金融资产规模太小、品种过少，直接限制了我国保险公司进行较好的资产与负债匹配，使我国保险业面临很高的资产负债匹配风险。

---

① 郭金龙、胡宏兵：《我国保险资金运用现状、问题及策略研究》，《保险研究》2009年第9期。

表 3.3　　亚洲各国（地区）寿险业资产与负债期限匹配
情况对照表　　　　　　单位：年

国家（地区）	中国	中国台湾	韩国	日本
负债平均期限	15～20	14.5	10	15
资产平均期限	5	10.5	4	7
资产负债平均期限差	10～15	4	6	8

资料来源：德意志银行 2003 年专题研究报告

3. 投资结构不合理

在我国现有的投资渠道中，保险资金运用结构也不尽合理。首先，银行存款仍占有偏大的比例，债券投资及其他投资渠道占比仍然不高，为 50% 多一点。例如，由于保险资金具有稳定性和长期性的特点，债券投资历来是保险资金运用的最主要渠道，保险业发达国家投资债券的比重大都超过 50%，美国更是高达 70%（寿险业一般账户为 72% 左右，财产险约为 66%），而我国投资债券的比重只是最近几年才达到 50% 左右。我国目前的这种保险资金运用结构难以满足保险资产与负债匹配的要求，不利于保险资金资源的优化配置，不利于安全性、流动性、收益性的有效结合。其次，对于股票投资的比例限制过于严格，缺乏灵活性。英国寿险业资金投资于股票的比例长期在 40% 上下，美国财产险投资股票的比例超过 19%，美国寿险资金运用一般账户股票比例稍低，但是单独账户高达 80%。

4. 资金运用渠道过窄

近年来，我国在保险资金运用的制度建设方面不断取得进展，保险资金的运用渠道逐渐拓宽，多元化资产配置的框架已经初步形成，但还需完善。与目前保险业发达国家保险资金运用的法定渠道相比，我国的保险资金运用渠道过于狭窄[①]。截至目前，保险资金的主要运用渠道有：银行存款、债券（包括国债、金融债、企业债等）、证券投资基金、股票、基础设施建设、境外投资等。但是，由于我国保险业发展时间不长，仍处于初级阶段，我国金融市场本身尚不完善，特别是资本市场体系不健全，投资品种较少，保险资金运用渠道仍然较窄。例如，贷款类业务存在空白区域，我国仅仅是开展了一些保单贷款业务，还没有涉足抵押贷款等业务，比如住房抵押贷款、汽车贷款等。此外，对某些投资渠道的投资比例也限制过严。例如，我国目前对股票投资的限定为：保险公司用于股票投资的资产不能超过公司总资产的10%，而西方发达国家的这一比例一般为10%～20%。在保险业较发达的国家，保险资金运用几乎涵盖所有的金融投资领域，不但可以在资本市场上直接投资买卖股票，投资政府债券、金融债券和企业债券，还可以多种形式贷款、购置不动产和进行实业投资等，由于其金融市场成熟，因此投资的渠道很多，涉及的范围也非常广，所规定的投资比例也较为宽松。

四　我国保险公司资产配置存在问题的原因分析

（一）资产负债管理（ALM）理念与技术落后

作为国际保险公司主流的管理理念，资产负债管理（ALM）包含了相当丰富的管理方法，如常用的现金流匹配、现金流测试、免疫技术等。但由于发展水平限制，我国在资产负债的期限匹配管理上还很落后。公司内部尚未建立起适应资

---

① 吴珏：《我国保险资金运用刍议》，《保险研究》2008 年第 1 期。

产负债管理（ALM）的组织架构。目前，保险公司大多采取资产管理和负债管理相分离的管理架构，这样的组织结构无法有效地实行资产负债管理。实际运行情况是，资产运营部门负责资产管理；产品开发、精算以及营销等部门负责负债管理，两者缺乏有效的横向沟通。资产运营部门不能准确把握产品特征，如对于投资管理部门来说，产品的保险期限特殊性等参数对于确定投资组合非常重要，但在实际的资金运用过程中，投资管理人员却不能获得这方面的信息。当然，产品开发、定价以及销售等部门同样也不了解各类投资工具的风险收益特征。因此，保险公司要推行资产负债的期限管理，就必须强化公司治理，从制度、机制等方面解决信息不对称问题。

（二）金融市场产品种类与期限结构不合理

由于受我国金融市场产品与期限结构的制约，保险公司难以通过资产负债匹配防范利率风险。以债券市场为例，在产品种类方面，我国国债和金融债余额占全部债券余额的比重过高，二者合计达到91.8%，企业债余额占全部债券余额比重过低，仅为8.2%，不利于保险公司进行多元化投资和收益率匹配；在产品期限结构方面，我国长期债券供给严重不足，截至2006年底，可供投资的10年期长期债券总供给占债券余额的19.6%，20年期以上的长期债券供给占债券余额的2.4%，直接限制了保险公司进行较好的期限结构匹配和收益率匹配。

（三）缺乏完善的资产负债匹配风险监管机制

从欧美保险业的情况来看，监管由严格转变到相对宽松，是保险市场发展的一般趋势。世界经济的一体化要求保险公司具有更大的自主权，能够设立自由、服务自由和资本流动自由，以便随时应对世界市场的变化。而我国现有监管机制还存在诸多不足，表现在：监管法律法规体系不够完善；监管信息化程度较低，无法适应动态监管的要求；监管队伍力量薄弱，限制和制约资金运用水平和能级的提高。2004 年以前，资产负债匹配管理并未纳入我国保险监管机构的监管范围。直到 2004 年 6 月实施《保险资金运用风险控制指引（试行）》后，中国保监会才要求保险公司每年报送《资产负债匹配报告》，但因缺乏具体要求和执行标准，目前仍未达到可操作阶段。同时，保险资金在不同市场的运用和保险金融集团跨行业运营，都会给现行的分业监管格局带来冲击，这些都给管理层提出了挑战。

第五节　本章小结

本章首先用资本市场理论、契约理论分析了保险公司的本质：保险公司首先是传统意义上的金融中介企业；其次，保险合同可以被视为具有现金流性质的特殊契约；再次，保险企业是建立在契约基础上的资产与负债均衡的统一体。因此，保险企业实际上在经济生活中充当了风险转移中介、资产转换中介和交易中介的职能。然后通过社会福利函数分析，从社会福利角度讲，保险公司的存在改善了社会整体福利水平，从而论证了保险市场在金融领域存在的必要性，并对保险公司资产配置与风险管理的关系进行了分析，最后重点分析了我国保险公司资产配置的总体状况、存在的问题以及原因，从而为下面建立保险公司资产配置模型奠定理论基础。

第四章 保险公司关键风险分析

第一节 风险与保险公司经营管理

保险公司是风险积聚性企业，控制与防范风险是保险企业管理的核心问题。保险公司除了帮助他人处理风险，还要管理自身风险。保险公司的资产配置首先应该从影响资产负债管理的风险因素识别开始。在进行风险识别时，最常见的错误是把不是风险的影响因素误认为是风险，或是把关键的风险因素忽略。因此，确保风险识别这一步骤能够识别出真正的风险因素至关重要。

一 风险的概念

"风险"一词来源模糊，充满争议。据 F. 艾瓦尔德（F. Ewald，1991）考证，这个词来自意大利语的"risque"，是在早期的航海贸易和保险业中出现的。在古老的用法中，风险被理解为客观的危险，体现为自然现象或者航海遇到礁石、风暴等事件；而这个词的现代意义是"遇到破坏或损失的机会或危险"。

风险（Risk）是人类社会普遍存在的客观现象。风险的概念最早是由海尼斯·J. （Haynes J.，1895）在他的《经济中的风险》一文中首先指出的："风险意味着损失或损害的可能性，偶然性因素是划分风险的本质特征。"①

美国学者威利特·艾伦.H（Willett Allan H.，1901）在他的博士论文《风险与保险的经济理论》中第一次提出风险的定义："风险是关于不愿意发生的事件发生的不确定性的客观体现。"第一次指出风险的客观性与发生的不确定性②。

有关风险的学说主要有两种，一种是"风险客观说"，认为风险是客观存在的损失的不确定性，它包括三个学派：（1）"损失可能性"学派，这个学派的代表人物是美国学者海尼斯、法国学者莱曼、德国学者斯塔德勒以及另一位德国学者普赖恩。他们从企业经营的角度出发，探讨了风险与损害之间的内在联系。其中莱曼（1928）在他的著作《普通经营经济学》中指出风险是"损害发生的可能性"。斯塔德勒则把风险定义为"影响给付或意外事故发生的可能性"。赖恩认为"风险是企业的目的所不能实现的可能性"。（2）"未来损失"学派。这一学派认为"风险是指某一固定概率水平下未来的损失，损失越大，风险越大"。（3）"损失不确定性"学派。这一学派认为未来损失会发生，但发生的概率很难衡量，也就是说未来的损失很难确定。

除了"风险客观说"之外，还有"风险主观说"，这一学派认为风险纯属个人对客观事物的主观估计，不能以客观尺度予以度量。

姜青舫和陈方正（2000）对风险进行了归纳，概括为如

---

① Haynes J. Risk as an Economic Factor ［J］. The Quarterly Journal of Economics，1895：409－449.

② Willett Allan H. The Economic Theory of Risk and Insurance ［D］. Columbia University Ph. D. Thesis，1901.

下四种：

（1）数值风险。

把风险视为给定条件下各种可能结果中较坏的结果，可用货币数量损失表示。这种表达方式常常用于风险管理业务实践中。

（2）概率风险。

把风险视为给定条件下各种可能结果中较坏结果出现的可能性大小。这种表达方式是一种相对度量方法，度量的标的是较坏结果发生的可能性。金融领域投资风险分析与监管控制常常用到这种方法。

（3）方差风险。

把风险视为在给定条件下各种可能结果之间或实际结果与预期结果之间的差异，这种差异性可以用方差来表示，方差的大小就表示风险的大小。这种理解既不把坏结果本身当作风险，也不把坏结果出现的概率当作风险，而是把结果出现后偏离某一标准的相对差异当作风险。

（4）抽象风险。

把风险视为某种行动过程和结果存在不确定性，如果存在不确定性则认为该项活动有风险，否则认为无风险。这是一种较为笼统的经验主义的风险定义①。

魏巧琴（2002）认为保险企业的经营风险包括系统性风险和非系统性风险，并进一步按风险的性质和来源把保险经营风险分为三大类：第一类是环境性风险，包括经济周期风险、市场竞争风险、政策性风险、监管风险和巨灾风险等；第二类是经营性风险，包括决策风险、险种策划定位风险、定价风

①　姜青舫、陈方正：《风险度量原理》，同济大学出版社 2000 年版。

险、业务管理风险、准备金风险、投资风险、分保风险、退保风险、应收保费风险、财务管理上的风险和破产风险等；第三类是人为性风险，包括道德风险、心理风险、逆选择风险和从业人员素质风险等[①]。

如果用数学语言描述风险，即未来结果的不确定性或波动性，就是把一个代表风险的随机变量转化为一个实际值的过程。

假设 x 表示随机风险，ρ 为风险度量函数，r 为风险度量值，则风险度量过程可以表示为：$r = \rho(x)$。现行保险公司对风险进行度量的方法有很多，例如破产概率、在险价值（VaR）、保单持有人预期缺口（EPD）以及尾部条件期望（TCE），各种风险度量方法都各有其优缺点，但一种好的风险度量方法需要满足一定标准。阿尔茨纳（Artzner，1999）在讨论保险领域作为衡量资本准备金要求时，开拓性地提出了风险度量函数 $\rho(x)$ 满足的四条公理化要求[②]，并称满足这四条性质的风险度量是一致性风险度量。

1. 平移不变性（Translation Invariance）

对于所有的随机变量和正实数 $\rho(x + \alpha \times r_0) = \rho(x) - \alpha_0$ 以及无风险利率 $\rho(x + \alpha \times r_0) = \rho(x) - \alpha_0$，都有：$\rho(x + \alpha \times r_0) = \rho(x) - \alpha_0$。平移不变性意味着对随机变量 x 加上一个确定性收益 $\alpha \times r$，风险就会减少 α。

2. 次可加性（Sub - additivity）

对于任意的两个随机风险 x 和 y，有 $\rho(x + y) \leqslant \rho(x) +$

---

① 魏巧琴：《保险企业风险管理》（第二版），上海财经大学出版社 2002 年版。

② Artzner Ph. Application of coherent risk measures to capital requirements in insurance [J]. North American Actuarial, 1991, 3 (2): 11 – 25.

$\rho(y)$。这个式子表明，两个风险组合在一起的总体风险水平不会超过它们单个风险水平之和，这是必然的。除非个体风险之间完全不相关，才会出现总体风险水平等于个体风险水平之和的情况，否则由于风险的分散作用，必然会使得总体风险水平小于个体风险水平之和。事实上，从保险监管的角度看，如果 $\rho(x+y) > \rho(x) + \rho(y)$，那就意味着将企业分解成若干个独立的企业可以降低资本需求。

3. 正齐次性（Positive Homogeneity）

对于任意正数 λ，$\rho(\lambda x) = \lambda \times \rho(x)$，即对于风险的度量，不应该受到风险计量单位的影响。

4. 单调性（Monotonicity）

对于任意的两个随机风险 x 和 y，若 $x \leqslant y$，则有 $\rho(x) \leqslant \rho(y)$。该式意味着在所有可能的结果下，如果一种风险造成的损失较大，那么它的风险水平就应该更高。

乔治·薛戈（Giorgio Szego，2002）认为，虽然阿尔茨纳、戴尔贝恩（Delbaen）、埃贝尔（Eber）和希思（Heath）提出的风险度量一致性要求还有待进一步的改进，但它已经成为目前最为完善的风险度量标准[①]。一致性风险度量能保证对于不同的风险有不同的值对应，并且风险大的投资组合的度量值大于风险小的投资组合的度量值，而相同的风险则度量值相同。

实际上，风险不仅是保险学、管理学研究的对象，社会学、心理学等人文学者也对风险问题进行了不同程度的探索。

---

① Giorgio Szego. Measure of Risk［J］. Journal of Banking and Finance，2002（26）：1708 – 1729.

二　保险公司的风险特征

保险公司是一种专门从事风险集中与分散的特殊的经济组织，它以"风险"为经营对象，在整个风险市场中起到一个给被保险人提供转移和分担风险的中间人角色，其社会保障功能表现为经济补偿。保险公司不仅要承担和转化被保险人的风险，同时还要防范和化解自身的风险。保险公司所面临的风险特征如下：

（一）风险的双重性

保险公司是"风险积聚性企业"，其经营对象就是风险，同时保险公司经营本身也存在风险，从而构成双重风险。双重风险的存在给保险公司的经营发展带来巨大影响。保险公司不仅要加强对经营对象风险的识别与评估，还要加强对自身风险的识别与评估。然而，保险公司历来非常重视对作为经营对象风险的识别和评估，而对自身经营风险的研究，特别是对多重风险之间的相互影响的研究则略显不足。

（二）经营风险与财务风险的混合性

经营风险是指保险企业由于战略选择、产品定价、营销手段等经营决策引起的未来收益的不确定性，特别是指企业利用经营杠杆导致息前税前利润变动形成的风险。经营风险时刻影响着企业的经营活动和财务活动，企业必须防患于未然，对企业经营风险进行较为准确的计算和衡量，这是企业财务管理的一项重要工作。

财务风险是指企业在各项财务活动中由于各种难以预料和无法控制的因素，使企业在一定时期、一定范围内所获取的最终财务成果与预期的经营目标发生偏差，从而形成的使企业蒙受经济损失或获得更大收益的可能性。企业的财务活动贯穿于生产经营的整个过程中，筹措资金、长短期投资、分配利润等都可能产生风险。保险公司的利润流如图4.1所示。

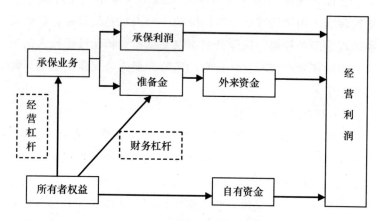

图 4.1　保险公司利润流

对于一般企业而言，可以运用经营杠杆系数和财务杠杆系数以及反映它们综合效应的总杠杆系数来对它们进行分析和决策。但是，对于保险公司而言，经营风险与财务风险是混合在一起的。保险公司的资金来源除了为数不多的自有资本金外，主要来自投保人缴纳的保险费，保险公司收取保险费后，随时都要根据保险合同的有关规定承担保险赔偿或给付责任。同时，由于保险公司应承担的责任具有连续性，承担责任的期限与会计年度不尽一致，因此必须按照各种保险产品的未到期责任和未决责任，保留一定数额的资金作为赔偿和给付准备金，这些都构成了保险公司的负债，它和一般企业运用财务杠杆以一定的负债成本进行负债融资的情况不同。也就是说，保险公司的负债大部分是和其业务收入联系在一起的，这样也就造成了保险公司经营风险和财务风险的混合。

（三）风险波动性

风险理论的基础是大数定律。大数定律是指在随机试验中，每次出现的结果不同，但是大量重复试验出现的结果的平均值却几乎总是接近于某个确定的值。但是在现实财务管理过程中，样本数量极大才会符合概率论中的大数定律，大多数情况下，保险公司承保的风险分布具有波动性，这会给保险公司资产负债管理带来困难。特别是当风险集中显现时，保险公司很容易暴露在偿付能力不足的风险中，如果资产负债不能匹配，就会给保险公司经营带来毁灭性的打击。

（四）保险业务对环境的依赖性

保险公司经营的一个重要特征是对环境高度依赖，针对环境风险的分析对保险公司承保风险管理具有十分重要的意义。首先，作为保险公司经营对象的风险评估实际上就是对环境风险的评估，特别是对自然风险的评估。如农业保险在我国长期处于论证状态，发展缓慢，一个重要原因就是农业保险十分依赖自然环境状况，而且风险集中程度较高，一旦发生自然灾害，保险公司需要支付高额赔付款项，这就决定了农业保险，特别是灾害集中发生地区的农业保险保费数额较高；而与此同时，我国农村农民收入相对低下，农民投保意识薄弱，两方面因素长期制约着我国农业保险的发展。

（五）风险对资产负债影响的不对称性

影响财产保险公司资产负债管理的风险因素有很多，众多的风险因素对资产方与负债方的影响表现出明显的不对称性，如图4.2所示。

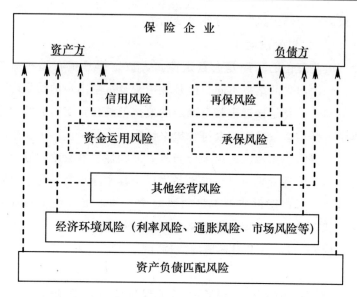

图 4.2　影响保险公司资产负债管理的风险因素

（六）风险相关性

影响保险公司资产配置的风险因素之间存在相关性，如利率风险，不仅通过市场收益率影响资产方的投资收益，同时通过宏观经济效应传导影响负债方价值变动，从而可能使资产与负债在时间与价值上不能匹配，形成资产负债匹配风险的一个方面。又如通货膨胀风险既通过宏观经济走势与投资收益影响资产方，又通过定价影响负债方，进而也会导致资产负债不匹配。

第二节　与保险公司资产面和负债面相关的风险来源

安东尼·M. 桑托莫罗和戴维·F. 巴贝尔（Anthony M. Santomero and David F. Babbel, 1997）从财务管理的角度出

发，将保险公司所面临的风险分为六类，具体如下：（1）精算风险，即因保险公司通过出售保单或通过负债来融资而导致的风险。（2）系统风险，即保险公司的资产和负债价值随着市场系统风险而变化的风险。（3）信用风险，即保险公司的债务人无法完成对保险公司偿债的风险。（4）流动性风险，即保险公司在需要资金周转时所面临的资产无法及时变现的风险。（5）操作风险，即保险公司处理理赔不当或违反监管要求的风险。（6）法律风险，即保险公司、管理者或个人在企业运营中违反法律行为的风险①。

本书将影响保险公司资产、负债的风险因素分为两大类：一类是企业外部风险；另一类是企业内部风险。

一　外部风险因素分析

保险公司的外部风险又可称为系统风险，是由那些能够影响整个金融市场的风险因素引起的，这些因素包括经济周期、国家宏观经济政策的变动、通货膨胀等。这种风险不能通过分散投资相互抵消或者削弱，因此又称为不可分散风险（Undi-versifiable Risk）。系统风险的主要特征有：

（1）它是由共同因素引起的，如经济方面有利率、汇率、通货膨胀、经济周期、经济危机等；政策方面有国家的税收政策、监管法令等；政治方面如政权更迭、战争冲突等。

（2）它对金融市场上所有的投资者都有影响，只不过有些标的资产价格比另一些敏感度更高而已。

（3）系统风险无法通过分散投资加以消除。因为系统风

---

① 赵蕾、张庆洪：《新巴塞尔协议对保险企业操作风险管理的启示》，《商业研究》2006 年第 23 期。

险是个别企业或行业不能控制的，是社会经济大系统内的一些共同的内在因素所造成的，因此不能通过分散投资的方法来加以消除。

外部环境风险根据来源不同可分为一般环境风险与经济环境风险。

（一）一般环境风险

一般环境风险主要包括政治风险、监管与司法风险、市场改变风险。

1. 政治风险

政治风险是指由于东道国或投资所在国国内政治环境或东道国与其他国家之间政治关系发生改变而给外国企业或投资者带来经济损失的可能性。

在理解政治风险时，必须注意以下几点：

（1）政治风险是汇率风险的一种类型，因此发生政治风险的前提条件与发生汇率风险的前提条件是一致的，即企业或投资者必须持有外汇头寸（Foreign Exchange Position）或在国外进行直接投资（Direct Foreign Investment），否则就不会出现政治风险。

（2）政治风险是指因政治原因而造成的经济损失。

（3）政治风险并不是指外国企业或投资者所遭受到的实质性的经济损失，而是指发生这种政治变化的可能性以及由此可导致的经济损失可能性的大小。

2. 监管与司法风险

保险公司作为金融机构需要受到法律约束并接受监管机构的监管。监管与司法风险是指基于法律规定或监管当局需要产生的可能影响企业经营成本和利润的行为，分为以下两种情况：（1）法律本身产生的风险，包括法律制定和废止对企业的影响。对于法律规定本身产生的风险，企业是没法抗拒的。

（2）企业经营行为因违反法律法规与监管要求而产生的风险。

3. 市场改变风险

市场改变风险是指企业从事经营的市场由于某种原因发生了改变而给企业带来的风险。如消费者消费需求与偏好的改变、替代产品出现等因素使得市场发生转移，可能会给企业的经营利润带来影响。

（二）经济环境风险

经济环境风险包括投资标的平均市场收益率与风险溢价、经济周期、通货膨胀、利率、汇率等。

1. 投资标的的平均市场收益率与风险溢价

根据资本资产定价模型（Capital Asset Pricing Model, CAPM），在某个观测期内标的资产的平均市场收益率等于无风险证券的平均收益率加上风险溢价，公式为：

$$\bar{r}_\alpha = r_f + \beta_\alpha(\bar{r}_m - \bar{r}_f) \tag{4.1}$$

式中，$\bar{r}_\alpha$ 是标的资产的平均市场收益率，r_f 是无风险证券的平均收益率，β_α 是标的资产的 Beta 系数，$\bar{r}_m$ 是资产的平均市场收益率，$\bar{r}_m - \bar{r}_f$ 是风险溢价。资本资产定价模型很好地描绘了金融市场的收益来源；一部分来自于系统风险；另一部分来自于非系统风险。表 4.1 列举出了某些国家 1970—1990 年的股票平均收益率与风险溢价情况。

表 4.1　世界主要国家 1970—1990 年股票市场平均收益率与
风险溢价情况　　　　　　　　单位:%

国家	股票收益率	政府债券	风险溢价收益率
澳大利亚	9.60	7.35	2.25

国家	股票收益率	政府债券	风险溢价收益率
加拿大	10.50	7.41	3.09
法国	11.90	7.68	4.22
德国	7.40	6.81	0.59
意大利	9.40	9.06	0.34
日本	13.70	6.96	6.74
荷兰	11.20	6.87	4.33
瑞士	5.30	4.10	1.20
英国	14.70	8.15	6.25
美国	10.00	6.18	3.82

2. 经济周期

经济周期（Business Cycle），也称商业周期、商业循环、景气循环，它是指经济运行中周期性出现的经济扩张与经济紧缩交替更迭、循环往复的一种现象，是国民总产出、总收入和总就业的波动。

在经济周期的不同阶段，不同类型的金融资产表现各不相同。根据国内生产总值（GDP）缺口（潜在国内生产总值与实际国内生产总值的差额）和经济活动的强度划分，可以将一个典型的经济周期划分为四个阶段：减速、衰退、复苏和扩张。

在减速阶段，经济运行的主要特点是实际国内生产总值高于潜在国内生产总值，但是经济增速已经低于经济增长的长期趋势，同时通货膨胀和利率都维持在高位，此时的货币政策偏紧。这个阶段经济表现的最大特点就是：经济增速开始下降，但通货膨胀还在上升，通常被称为"滞胀"。进入衰退期后，实际国内生产总值已经低于潜在国内生产总值，企业盈利明显恶化，通货膨胀也开始下降，这个时期央行持续降息。随着利率下降、货币政策的放松以及财政政策的刺激，企业的盈利状况开始改善，经济开始复苏，实际国内生产总值还依然低于潜在国内生产总值，通货膨胀还在下降，但是国内生产总值的增速已经开始高于经济增长的长期趋势，此时央行通常停止降息。经济进入扩张阶段，实际国内生产总值开始超过潜在国内生产总值，通货膨胀上升，企业盈利大幅增长，这个时期央行持续升息。随着利率的上升、劳动力成本的上升，企业盈利增速开始下降，国内生产总值增速开始低于经济增长的长期趋势，经济又进入减速期。

经济周期作用于资产方，对不同金融资产价值的影响表现出差异性。交银施罗德基金对过去50年美国经济周期和金融资产表现的研究发现：在经济减速期，现金（这里指美国3个月国库券）是表现最好的资产，平均真实收益率是0.1%（真实收益率指剔除通货膨胀后的收益率），其次是股票，平均真实收益率是－0.9%，长期国债（这里用20年美国国债）表现最差，平均真实收益率为－2.6%；进入衰退期后，前半部分长期国债是表现最好的资产，后半部分股票成为表现最好的资产；在经济复苏期和扩张期，股票都是表现最好的资产，而长期国债则是表现最差的资产。

3. 通货膨胀

通货膨胀一般是指因货币供给大于货币实际需求而引起的一段时间内物价持续而普遍上涨的现象。其实质是社会总需求大于社会总供给。通货膨胀时期，物价普遍上涨，标的物受损时的赔付额用市场价格计算，并随通货膨胀而不断放大；而同时由于市场竞争的影响，营销费用不断增长，而同质保单的费率有下降趋势。二者结合会危及保险公司资本充足性。

4. 利率

保险企业面临的利率风险主要反映在两个方面：一是保险公司在利用财务杠杆经营的情况下，在对外融资过程中，由于利率变动而增加了直接融资成本或间接机会成本，使保险公司的预期利润难以实现或在同行竞争中处于不利地位；二是保险企业在金融市场上进行投资时，利率变动会使其拥有的金融资产价格大幅下降或投资收益率大幅下降，严重时可能会使保险公司的投资出现巨额亏损，为今后的偿付带来意想不到的困难，甚至导致公司破产。其中，以固定收入证券带来的利率风险最大。

利率风险的另一方面是指，当利率变动对资产和负债的价值造成的影响不同时，会导致资产和负债不匹配的风险。如当利率上升时，资产和负债的价值都会下降，若资产价值的下降超过了负债价值的下降，就会影响保险人的偿付能力；当利率下降时，如果资产价值的上升小于负债价值的上升，也会发生同样的问题。

5. 汇率

汇率风险主要是指汇率变动的可能性及保险企业对汇率变动的承受能力。尤其是随着保险公司的涉外保险业务增加，各种外汇的使用频率和额度也将相应增加，汇率风险对保险经营的影响就越大。

二 保险企业内部风险因素分析

保险公司经营管理有其自身的规律性，其内部风险产生于企业经营管理的各个阶段，保险企业经营流程如图 4.3 所示。

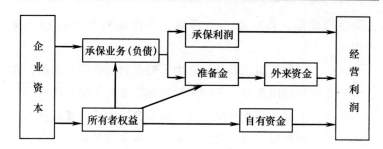

图4.3　保险企业资金流示意图

从图4.3中可以看出：

保险公司的经营利润＝承保利润＋外来资金（准备金）投资收益＋自有资金（所有者权益）投资收益

因此，保险公司的经营利润来源于承保活动与投资活动，从而内部风险亦来自于承保活动与投资活动。

1. 承保利润和投资收益的产生

根据我国《保险公司会计制度》和《保险公司管理规定》，保险公司的利润总额由营业利润、营业收入和营业外支出三部分构成。利润总额的计算公式如下：

利润总额＝营业利润＋营业收入－营业外支出　　（4.2）

其中：

营业利润＝承保利润＋（投资收益＋利息收入＋其他收入＋汇兑损益）－（利息支出＋保户利差支出＋其他支出）

$$（4.3）$$

承保利润＝保险业务收入－保险业务支出－准备金提转差

$$（4.4）$$

其中，保险业务收入指的是保险公司经营保险业务和再保险业务取得的收入，如保费收入、分保费收入和追偿款收入。

保险业务支出指的是保险公司经营保险业务和再保险业务

而发生的支出，如赔款支出净额、分出保费和分保赔款支出等。

在众多影响利润总额的因素中，营业利润占绝对比例；在影响营业利润的因素中，承保利润和投资收益占绝对比例。

因此，承保利润是指保险公司就本公司主营业务即从事接受风险保障业务所产生的来源于风险业务本身的利润。对非寿险业务来说，不考虑利息因素，承保利润主要是保费收入减去投保人为风险支付的纯风险保费（这一费用由保险企业的精算师来负责评估）和营运成本。这两项成本是保险公司面对的主要成本。承保利润的风险来源于承保业务本身，主要包括定价风险、核保风险、理赔风险与营销风险。

投资收益是指保险公司通过对外投资所获得的利润、股利等。保险公司投资资本的来源既包括资产方的所有者收益，又包括负债方的准备金项目，特别是未决准备金项目。保险公司投资收益的风险来源主要包括资产价值波动风险、信用风险和流动性风险。

2. 保险公司承保利润和投资收益之间的关系

（1）保险公司的主营业务。

对于保险公司的认识有两种不同的看法：一种认为保险公司与一般的金融机构一样，承保过程是为了筹集资金进行资本投资，因此保险公司就是一个纯粹的金融机构，则主营业务收入应该来自投资收益；另外一种观点认为，保险公司的主要业务仍然是保险业务，资本投资是为了对保险业务获得的资金保值增值，这种观点下主营业务收入主要来自承保利润，投资收益是承保利润的有益补充。两种观点的核心问题在于保险公司的主营业务是什么。主营业务不同，保险公司经营管理过程中涉及的关键风险也有所不同。

（2）保险公司的资金运用。

保险公司的经营性质是负债经营，而保险负债的特点是保险人必须投资的驱动力。如果保险公司不能合理地利用闲置资金进行投资，并获得较好的投资收益，则保险公司就很可能无力履行保险合同，从而丧失对客户的吸引力，招致大规模的退保和挤兑现象。而且当今的保险业竞争日益激烈，承保业务的利润率已非常低，甚至为负值。因此，国外很多保险公司选择了现金流承保经营理念来解决这一难题。该理论指出，在保险公司实际业务中，为了追求投资收益，很多保险公司对其保险产品的定价低于预期水平，并希望通过预期投资收益来弥补直接承保损失。简单地讲，即为吸引新业务而以直接承保业务亏损的方式制定保险产品价格，降低保险费率，从而扩大承保业务量，同时以投资收益抵补承保损失［马克·S. 道弗曼（Mark S. Dorfman），2000］。发达国家和地区的保险公司往往在承保业务亏损的条件下仍然能够生存并壮大，其原因就是依靠保险资金投资收益获得了丰厚的现金净流入，增强了保险公司应对巨灾损失的理赔能力。

由前面分析可知，保险公司在经营保险业务时，会得到一定货币或是资产流量，同时公司本身也具有一定的货币或资产存量，当面临经济波动如通货膨胀时，资产或货币的流量和存量的市场价值将受到影响，保险公司为了应对因经济波动或其他原因而产生的资产减值时，保险资金的积极运用就成为其保值增值的主要途径。

但是，随着中国市场的逐渐开放，资本市场和金融市场存在着越来越巨大的风险。一方面，在整体经济形势较好和资本市场活跃的情况下，保险公司的资金运用可以获得较高的投资收益，进而提高保险公司经营效益。但另外一方面，在经济形势趋弱和整个资本市场和金融市场低迷的情况下，资金运用有可能会给保险公司带来很大的投资损失，甚至导致保险公司大规模面临偿付危机。从公司财务管理的角度来看，投资收益由于其收益的持续性低、稳定性差，并不能完全代表企业的正常收益能力，更不能成为保险公司价值评价的标准。

此外，保险公司的资金主要来自资本金、准备金、其他资金（主要包括结算中形成的短期负债、未分配利润、公益金、企业债券等）。由于保险公司经营的特殊性，保险公司资产中绝大部分资产是投资性资产，而可用于投资的保险资金相当一部分是来自于保费收入，如果主营业务经营状况不好，将影响保险费的来源，影响保险公司正常的现金流，影响保险公司投资资金运用的稳定性。

因此，承保利润是保险公司发展的前提和基础，投资收益应该是承保利润的有益补充，二者在不同的经济条件下发挥着各自的作用，维系着保险公司的生存和发展。

下面从保险公司利润来源的两个方面分析财产保险公司的内部风险因素。

（一）承保过程风险

这是保险公司经营过程中的不确定性带来的风险，源于保险公司承保的全部风险暴露的不确定性。主要表现为损失频率、损失幅度的随机波动，保险未到期责任的分布构成及随机波动。公司的业务活动、决策是影响承保过程风险的主要来源，可以细分为：

1. 精算风险

精算风险是定价风险的一种，是指所出售的保单和承担的其他负债所筹集的资金不足以保证其履行保险和债务责任的风险。精算风险的另一种表述形式是：实际保险损失超出预计损失的风险。发生这种情况可能出于两个原因：第一，在承保时对损失分布了解不够，从而导致了对期望损失值的错误估计；第二，由于实际损失是围绕均值上下波动的，所以实际损失可能会超出正常情况下的预期。当然，实际损失偏离均值的程度取决于损失分布的特征，而损失的分布又取决于所承保风险的性质。

2. 定价风险

定价风险是指保险公司厘定费率不准确而给公司带来的影响。一方面，有定价不足的风险，即精算风险。导致定价不足的因素可能有：未来经营结果与定价时预定的精算假设存在偏差；死亡率、损失率、费用率、销售量及退保率等因素的实际值高于预定值；公司的实际投资收益率低于预定投资收益。定价不足导致保费收入不能满足赔付，是先天性的经济资本消耗，引发偿付能力不足等问题。另一方面，定价过高的风险会增加被保险人的经济负担，降低该险种在保险市场的竞争能力，从而影响公司的财务稳定性。

3. 核保风险

核保风险源于公司的核保制度不完善，对保险标的不能进行有效的风险选择和承保控制而给保险公司带来的风险。具体表现在：忽略了风险责任的日常控制，随意修改费率，放宽承保条件，或者采取高额退费等，将企业的承保变成无理性的赌博行为；超能力承保，盲目接受超过自身承受能力的风险标的，给偿付能力带来隐患。

4. 理赔风险

理赔风险是指由于保险企业在理赔过程中缺少有效的核赔手段和对各种骗赔行为的鉴别手段而导致的风险。具体原因有如下两个：一是内部制度管理不健全，理赔人员素质不高，缺乏相关的保险、法律、会计、建筑工程、汽车等专业知识，难以科学地定损和准确地确定理赔赔偿金额。特别是在我国，通融赔付、人情赔付的现象非常突出。二是由于信息不对称以及缺乏有效的核保核赔机制，保险欺诈案件时有发生。投保人、被保险人、受益人以欺诈的手段伪造损失或者夸大损失来获取不合理的保险赔款。在我国，保险欺诈形式之繁多、手段之隐蔽、数额之巨大，令人瞠目结舌，其危害性不容低估。

5. 营销风险

营销风险来源于营销人员在展业过程中缺乏对风险标的的评估和选择，以及与被保险人之间的信息不对称。营销风险目前在我国保险市场上表现极为尖锐：一方面，保险市场不完善，市场竞争不规范，各家保险公司为了扩大市场份额，盲目追求"高速度"，以保费收入作为公司以及个人的业绩考核指标，忽略了业务质量与合理的业务结构。另一方面，营销人员的综合素质良莠不齐，难以有效地进行风险甄别，导致严重的逆选择现象。

（二）资金运用风险（资产价值波动风险、流动性风险、信用风险）

与承保过程风险的来源不同，资金运用风险主要来源于保险公司资产面的不确定因素，如资产价值随市场风险波动的可能性，投资证券或不动产导致的流动性风险，以及信用风险等。

1. 资产价值波动风险

资产价值波动风险是指投资资产价值的波动，以及如何确定资产最优组合而给保险公司带来的不确定性影响。资产价值波动风险主要与利率、通货膨胀、市场收益率等系统因素有关，同时也与资产组合的结构和比例有关。我国保险公司由于长期以来资金运用渠道比较单一，所以对资产价值波动风险的管理一直较为落后，集中体现在以下两个方面：

一是没有利用有效的量化指标对资产价值波动风险进行评估；二是缺乏明确的资产负债管理目标，资金来源与运用的结构和期限不相协调。这会影响公司的实际投资收益率、总盈利能力、偿付能力等各个方面。

2. 流动性风险

流动性风险是指由于账面资产流动性不足给保险企业造成损失的可能性，保险企业的流动性主要来源于自有资金及保费收入、利息、股息、租金及其收入，或者出售金融证券、不动产或其他资产得到现金。保险公司为了满足最低限度的赔偿和给付及财务稳定的需要，资产必须保证最低的变现力，否则将会导致流动性负债超过流动性资产，产生流动性不足。流动性对保险企业关系重大。由于保险事故具有极强的偶然性、突发性和破坏性，如果保险企业仅在账面资产上具有相应的偿付能力，而不能及时转化为现金赔款，那么它所担负的社会责任就难以及时兑现，甚至导致保险企业自身因为流动性不足而倒闭。流动性风险大小主要取决于二级市场的完善程度以及投资工具本身的流动性。

3. 信用风险

信用风险来源于合同签约者不能按事先约定履行其责任及义务的可能性。实际上，这一风险在承保和投资两方面都会出现。在保险业务方面，主要体现为再保险人不能履行其应承担的偿付义务或应收保费、应收分保账款等应收资产项目。在投资活动方面，涉及债务人违约或者由于信用评级水平下降造成贷款难以延续，从而可能引起一系列不利于其财务状况的恶性反应。

三　影响保险公司经营的其他风险

保险公司除了面临以上外部、内部风险之外，还要面对巨灾风险、再保风险、操作风险与承保周期风险。

（一）巨灾风险

巨灾风险源于在承保的风险范围内，由于地震、台风、洪水、瘟疫等发生，保险标的风险的相互独立性被严重损坏，从而造成巨大财产损失和严重人员伤亡的可能性。巨灾风险发生的频率虽然低于一般的灾害事故，但损害程度非常高，会有多个风险单位同时受到严重影响。每一次事故的发生通常会使许多受害的被保险人同时向保险公司索赔，形成庞大的累积理赔金额，也就是所谓的风险累积。在我国保险市场上，由于对巨灾责任的概念模糊，缺乏法定内涵，而且对巨灾损失缺乏准确的统计，这一风险十分明显，其导致的索赔波动对保险公司的偿付能力影响十分突出。

（二）再保风险

再保风险是源于对公司整体承保能力、总资本需求以及再保险市场难以把握，以及对再保险的结构、规模、品种选择上出现偏差。如何安排再保险，对保险公司特别是规模不大的公司有着至关重要的影响。在再保险的分出额度方面，若分出保险过多，则第一保险人不能充分获得应有的保险收益；若分出保险过少，则第一保险人相对其实力而言可能承担了过高的风险暴露。另外，再保险合同形式很多，不同的再保方式产生不同的风险转移效果，合理安排整个公司的再保险结构，是解决这一问题的关键。

（三）操作风险

操作风险又称运作风险，来源于行为人个体行为的不确定性。具体表现在两个方面：其一为决策风险，是指在制定保险公司未来发展的重要决策时出现偏差或失误而导致的风险。主要源于保险企业内部控制不健全或失效，决策者和决策机构自身理性的不完美，如管理能力、管理经验、洞察力等的局限。决策风险管理的要点主要有：决策的形成方式与逻辑、组织结果与决策的配合度、组织文化、核心竞争力的选择与培养，等等。其二为行为风险，是指公司除最高决策者之外的其他员工的能力、道德、品行等给保险公司带来的影响。操作人员业务技能不高、主观或偶然失误都可能给保险公司造成损失。行为风险可能会导致效率低下、专业判断能力不足，甚至违法，将严重影响保险公司的利益与目标实现。

（四）承保周期风险

承保周期（Underwriting Cycle）是财产保险特有的现象，是指高保险费率（市场坚挺）与低保险费率（市场疲软）交替出现的情况。其根源在于保险供求关系的周期性波动，从而使保险公司的承保收益发生变化。瑞士再保险（Swiss Re）对美国、加拿大、英国、德国、法国、意大利、日本的非寿险市场的研究表明，这些主要保险市场存在着明显的承保周期，其平均周期在5.6～7.3年之间，其中，美国1953—2000年非寿险市场的承保周期是6.2年。

财产保险公司与寿险公司相比，在经营特性上有很多不同，如财产险合同期间短、金额较小，对企业资金流的流动性要求高，与巨灾和再保险的关系密切。格雷斯和霍奇科斯（Grace and Hotchkiss，1995）通过观测获得承保周期与一般经济情况的数据，运用协整（Cointegration）技术，发现承保周期与国民经济的长期表现相关，而与经济的短期震荡关系不大。兰姆·坦南特和维斯（Lamm Tennant and Weiss，1997）

也发现，承保周期与实际国内生产总值（GDP）存在相关性。韦伯（Webb，1992）研究发现，承保周期并非与公司的业务周期（Business Cycle）同时出现，事实上，承保周期较业务周期显得更有规律性。

第三节　影响保险公司资产面和负债面的关键风险因素及其相互关系

一　寿险与非寿险保险公司风险特征分析

一般而言，保险公司面临的主要风险有市场风险（主要包括利率风险、通胀风险、经济周期风险等）、操作风险、信用风险和承保风险。财险公司与寿险公司风险构成的比例有所不同，图4.4为奥纬咨询公司（Oliver，Wyman & Company）分别对四家美国财险与寿险行业领先企业的风险来源给出的分析报告——财险公司与寿险公司各类风险在企业风险管理中所占比例概况。

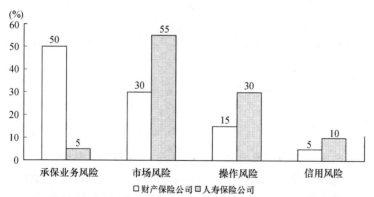

图4.4　财险公司与寿险公司各类风险来源所占比例情况

数据来源：Oliver，Wyman & Company，LLC，February 2001

从图 4.4 中可以看出，影响财产保险公司财务的主要风险来源是承保业务风险，对其财务影响占到 50%，其次是市场风险，占财务影响的 30%；人寿保险公司主要风险来源于市场风险，对其财务的影响占到 55%，其次是操作风险，对财务的影响占到 30%，承保风险对企业财务的影响最小，只占 5%。因此，寿险公司与非寿险公司的风险有其自身的特征。

1. 承保风险是影响非寿险公司的主要风险来源

对于财产保险公司来说，其主要的风险是承保风险，达到总风险的一半，这与财产保险公司的业务类型有很大关系。一般而言，财产保险公司承保的各种风险具有波动性大、损失分布不均匀、容易引起道德风险与逆向选择等特点。而人寿保险公司经营的承保业务相对长期稳定，因为被保险人的死亡率相对稳定，其波动性相对有限，不易引起被保险人的道德风险与逆向选择。

2. 市场风险是寿险保险公司的重要风险来源

市场风险又称为系统风险，是指由于资产价格波动、利率、汇率、通胀等因素的变动而导致资产价值或负债价值遭受未预料到的潜在损失的风险。市场风险是由某些共同因素引起的，经济方面如利率、汇率等，政治方面如政权更迭、战争等，社会方面如经济政策、法律条款等，它对整个金融市场的参与者都有影响，而且市场风险无法通过分散投资来消除。

特别要提到的是，在市场风险中，利率风险是寿险公司面临的主要风险，这是因为寿险公司的承保业务主要是长期性业务，业务类型较为稳定，同时损失赔付分布波动性较小，因而其投资资产一般为长期固定收益类证券，此类业务对利率变化较为敏感，因此寿险公司对利率风险的管理较为重视。事实上，传统寿险公司资产负债管理，在狭义上就是指利率风险管理。但是对于财产保险公司而言，由于负债的短期性要求保持所投资资产一定的流动性，并且要保证较高的收益性，固定收益类证券在投资组合中的比例不宜过高，因此利率风险是财产保险公司众多风险因素中的一个，它主要通过传导效应间接影响投资资产的市场价值，同时利率水平也标志着经济周期发展的各个阶段。

3. 非寿险保险公司保险标的损失分布具有跳跃与风险规模集中的特征

非寿险企业的保费厘定通常建立在"所承保的风险相互独立"、"损失分布符合大数法则"等一系列假设条件上，这些假设条件在通常情况下是适用的，根据概率论的大数法则，据此提取保险准备金应该足以应付理赔需要。但是，当地震、飓风甚至恐怖袭击等自然与人为的巨灾事件发生时，这一系列假设条件将不复成立。而且此类灾害一旦发生，会给相应的保险公司造成巨大损失，直接影响其偿付能力。据报道，2008年中国因灾害损失 13547.5 亿元，远远超过 2008 年全年中国保险业的保费收入 9784.1 亿元。我国农业保险迟迟不能出台，一方面，与我国农民对保险的认识不足有关；另一方面，农业保险具有典型的损失分布跳跃与风险规模集中的特征，给保险公司在保费厘定时带来现实困难。

4. 保险公司资产配置应该与其风险特征相匹配

非寿险公司的资产负债管理与寿险公司最大的不同在于其负债的短期性以及资金来源的复杂性。对于寿险公司而言，其负债现金流相对较为稳定，因此资产负债管理的重点在于资产配置管理，负债可以看作一个常量。而财产保险公司负债现金流不稳定且期间较短，在资产负债管理时就应该注意结构与期间动态匹配问题，不仅对资产规模与结构进行管理，同时还要注意负债期间与规模相匹配。

二　关键风险因素分析

根据前面关于保险公司各类风险的分析，对企业外部风险因素、内部风险因素以及其他风险中的关键风险进行分析，剔除了某些无法准确定量模拟或不必要模拟的风险因素，剔除的风险因素有：

1. 企业外部环境风险

企业外部环境风险包括一般环境风险与经济环境风险，其中，一般环境风险中的政治风险、监管与司法风险、市场改变风险，可以通过市场风险（系统风险）释放，根据传统的资本资产定价理论，市场风险（系统风险）可以由市场收益率指标度量，因此可以将一般环境风险的度量归结为对市场收益率的度量。进一步来看，保险公司资产可以细分为不动产、证券、存款以及现金，存款与现金的收益率为静态已知，考虑到模型简化以及保险公司负债的性质，不动产投资在资产组合中的权重较小，因此市场风险的度量仅限于对证券市场，特别是对股票市场的收益率进行度量。

2. 经济周期

经济周期主要影响通货膨胀、投资收益，并且通过保费水平与承保数量影响保险公司的承保收入和承保利润。另外，在经济周期的各个阶段，国家宏观调控政策对利率的影响也各不相同。表4.2所示为经济周期的各个阶段，通货膨胀、利率与最优收益率资产变化情况。经济周期可以通过通货膨胀率、利率与资产收益率指标进行度量。

表 4.2   **经济周期对主要经济指标的影响**

	通货膨胀	利率	最优收益率资产
经济减速期	较高	较高	现金
经济衰退期	下降	持续降低	长期国债
经济复苏期	继续下降	停止降低	股票
经济扩张期	上升	升息	股票

3. 承保过程风险

承保过程风险涉及负债方现金流的稳定性，是保险公司投资资金以及赔款准备金来源的重要组成部分。承保过程风险来源复杂，按照保险业务流程可以细分为：精算风险、定价风险、核保风险、理赔风险与营销风险，由于这些风险定量化模拟有一定难度，会增加模型的复杂性，并且以上各种风险可以通过管理过程控制得到优化以至消除，因此在本书中忽略承保过程风险因素。

4. 操作风险

与承保过程风险本质相同，操作风险源于行为人个体行为的不确定性。2001 年 1 月，巴塞尔委员会推出新巴塞尔协议草案第二稿，首次将操作风险的度量和管理纳入金融机构的风险管理框架中。2004 年 6 月 26 日，十国集团的央行行长一致通过《资本计量和资本标准的国际协议：修订框架》，即"新巴塞尔协议"。此协议彻底摒弃了过去"操作风险无法计量，因而不能为其分配资本"的概念，首次明确提出对操作风险计提资本金，并介绍了三种计算操作风险资本金的方法。这既是近年来国际金融界日益重视操作风险管理实践的一个总结，同时也给操作风险的度量和管理提出了新的挑战。

国内外学者和实务界对保险企业操作风险的度量已经有了一些研究成果，如张庆洪和赵蕾（2006，2007）对操作风险的度量方法进行了系统研究①②。但是由于操作风险诱因的复杂性以及操作风险数据的特殊性使得各种度量模型都存在或多或少的缺陷，并且显得杂乱无章。因此，目前还没有一种统一的操作风险度量方法。新巴塞尔协议提出的基本指标法、标准法和高级计量法是主要针对银行的风险资本配置要求，行业特点比较明显。近年来一些保险业国际组织也对保险企业操作风险开展了研究，如普通保险研究组织（General Insurance Research Organization）2001 年成立了操作风险工作小组。但目前清晰的保险企业操作风险度量体系还没有形成。因此，本书对操作风险暂不做研究。

　　本书保留的关键风险、风险影响因素、评价指标以及该因素对资产负债管理的影响见表 4.3。

表 4.3　影响保险公司资产负债管理的关键风险因素分析

关键风险		影响因素	评价指标	对资产负债的影响
企业外部风险（市场风险）	利率风险	经济周期通货膨胀	远期利率、短期利率	资产方：投资收益、利息收入 负债方：保费收入、准备金水平
	通货膨胀风险	宏观经济环境与宏观调控政策	短期利率、通货膨胀率	资产方：投资收益、承保利润 负债方：准备金水平、再保赔款
	市场收益率风险	宏观环境因素导致的证券市场系统风险	无风险收益率、风险收益率	资产方：投资收益 负债方：无

---

　　①　赵蕾、张庆洪：《新巴塞尔协议对保险企业操作风险管理的启示》，《商业研究》2006 年第 23 期。

　　②　赵蕾、张庆洪：《基于新巴塞尔协议的保险企业风险划分体系研究》，《同济大学学报》（社会科学版）2007 年第 18 期。

关键风险		影响因素	评价指标	对资产负债的影响
企业内部风险	资产价值波动风险	宏观经济环境与经济政策、保险公司投资策略	利率、通货膨胀率、市场收益率、资产组合的结构与比例	资产方：投资收益、认可资产价值 负债方：无
其他风险	巨灾风险	巨灾	气象指数、巨灾损失分布（损失频度、损失幅度、灾害损失中心）	资产方：承保利润 负债方：准备金水平（损失赔付）
	再保风险	违约风险、再保方式	乘数再保险、限额损失再保险、巨灾再保险、停止损失再保险	资产方：承保利润 负债方：准备金水平
	承保风险	承保非巨灾损失、承保周期阶段	损失分布、短期利率、均衡保费	资产方：承保利润 负债方：保费收入（损失赔付）

三　各关键风险因素相互关系分析

以上各种风险因素中，利率风险与通货膨胀风险位于所有风险因素的上游；市场收益率水平与利率、通货膨胀率都有关；而资产价值波动风险与利率、通货膨胀率、市场收益率密切相关；巨灾风险与自然环境风险有关；承保风险与利率（特别是短期利率）、通胀率以及巨灾损失密切相关；再保风险不仅受巨灾风险影响，还受再保方式的影响。各类风险之间的相互关系如图 4.5 所示。

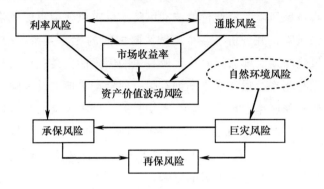

图 4.5　关键风险相互关系示意图

在图 4.5 中，各个风险之间的箭头方向表示变量的输入方向，如资产价值波动风险需要利率风险因子、通胀风险因子以及市场收益率因子输入整合表达，这可以帮助在下一步情景模拟过程中研究各个风险因子情景生成机制。

第四节　本章小结

本章的主要任务是确定影响保险公司资产面和负债面的关键风险因素，为第五章、第六章动态财务分析情景发生器的设计奠定理论基础。本章首先对风险的概念进行了详尽分析，进而分析了保险公司的风险特征有：（1）风险的双重性；（2）经营风险与财务风险的混合性；（3）风险波动性；（4）保险业务对环境的依赖性；（5）风险对资产负债影响的不对称性；（6）风险相关性。然后将保险公司面临的风险分为企业外部风险、企业内部风险以及其他风险（如巨灾风险、再保风险等），并一一进行了分析。最后，通过对保险公司风险特征的分析，筛选出关键风险因素，包括利率风险、通货膨胀风险、市场收益率风险、资产价值波动风险、巨灾风险、再保风险以及承保风险，并分析了各个关键风险之间的相互关系，指出：利率风险与通货膨胀风险位于所有风险因素的上游；市场收益率水平与利率、通货膨胀率都有关；而资产价值波动风险与利率、通货膨胀率、市场收益率密切相关；巨灾风险与自然环境风险有关，是相对独立风险；承保风险与利率（特别是短期利率）、通胀率以及巨灾损失密切相关；再保风险不仅受巨灾风险影响，还受再保方式的影响。

第五章　情景发生器Ⅰ：保险公司外部环境风险模拟

第四章将保险公司面对的关键风险分为企业外部风险、企业内部风险以及其他风险，本章对企业外部环境风险——利率风险、通胀风险、资产收益率风险进行模拟。

第一节　利率风险模拟

本章针对保险公司经营特殊性以及经济情景，重点阐述企业外部环境风险的模拟方法。由于利率风险与通货膨胀风险是学术界公认的对保险公司资产负债管理起关键作用的影响因素，本章将参考国外经济学家的相关分析方法，借鉴其技术手段，在考虑了对中国经济环境适应性的基础上分别建模；其他外部环境风险可以视为随机干扰因素，其对保险公司的影响，通过下一章承保周期分析来加以模拟。

一　利率风险模拟理论综述

利率市场化是市场经济的主要特征之一，其实质是充分发挥利率优化金融资源配置的功能。中国渐进式利率市场化改革进程开始于 20 世纪 90 年代中期，1996 年 6 月 1 日放开银行间同业拆借利率，实现由拆借双方根据市场资金供求自主确定拆借利率。目前，除银行等金融机构存贷款利率仍然实行一定管制外，我国金融市场上的其他利率已经基本实现了市场化。虽然最主要的银行存贷款利率仍然处于管制状态，但可以预见我国未来利率生成机制的市场化是必然的。因此，在对我国利率变动分析中应该以随机利率模型为主，在分析特定问题时可以假定确定利率情景。本节首先对利率期限结构模型进行综述，对各种模型进行比较分析，然后建立利率生成模型。

在金融市场上，不同种类、不同期限的资金使用不同的利率可以用利率结构理论来解释，利率结构主要是利率的期限结构、利率的风险结构以及利率的信用差别结构。其中，利率的期限结构是西方利率结构理论的核心内容。利率期限结构，是指具有相同风险、流动性及税收待遇，但期限不同的金融工具在收益率（Yield）与到期期限（Maturity）之间的关系，反映了期限长短对其收益率的影响。利率期限结构理论主要研究长短期利率之间的关系，两者之间的稳定关系在货币政策传导中起着重要作用。

西方关于利率期限结构理论的研究分为传统利率期限结构理论与现代利率期限结构理论。传统利率期限结构理论主要讨论不同金融工具收益率曲线的形状及其形成的原因；现代利率期限结构理论注重研究利率变化的动态过程。现从以下两个方面介绍国际上利率期限结构理论的主要研究成果。

（一）传统的利率期限结构理论

传统利率期限结构包括三个方面：预期理论、流动性偏好理论、市场分割理论。

1. 预期理论

利率期限结构的预期理论首先由欧文·费雪（Iving Fish-

er，1896）提出，是最古老、最主要的期限结构理论。预期理
论认为，长期债券的现期利率是短期债券的预期利率的函数，
长期利率与短期利率之间的关系取决于现期短期利率与未来预
期短期利率之间的关系。如果以 $E_t(r(s))$ 表示时刻 t 对未来时
刻的即期利率的预期，那么预期理论的到期收益可以表示为：

$$R(t,T) = \frac{1}{T-t} \int_t^T E_t(r(s)) ds \tag{5.1}$$

因此，如果预期的未来短期债券利率与现期短期债券利率
相等，那么长期债券的利率就与短期债券的利率相等，收益率
曲线是一条水平线；如果预期的未来短期债券利率上升，那么
长期债券的利率必然高于现期短期债券的利率，收益率曲线是
向上倾斜的曲线；如果预期的短期债券利率下降，则债券的期
限越长，利率越低，收益率曲线就向下倾斜。

这一理论最主要的缺陷是严格地假定人们对未来短期债券
的利率具有确定的预期；另外，该理论还假定，资金在长期资
金市场和短期资金市场之间的流动是完全自由的。这两个假定
都过于理想化，与金融市场的实际差距太远。

2. 流动性偏好理论

J. 希克思首先提出了不同期限债券的风险程度与利率结构
的关系，较为完整地建立了流动性偏好理论。

根据流动性偏好理论，不同期限的债券之间存在一定的替
代性，这意味着一种债券的预期收益确实可以影响不同期限债
券的收益。但是不同期限的债券并非是完全可替代的，因为投
资者对不同期限的债券具有不同的偏好。范·霍恩（Van
Home）认为，远期利率除了包括预期信息之外，还包括风险
因素，它可能是对流动性的补偿。影响短期债券被扣除补偿的
因素包括不同期限债券的可获得程度及投资者对流动性的偏好

程度。在债券定价中，流动性偏好导致了价格的差别。

这一理论假定，大多数投资者偏好持有短期证券。为了吸引投资者持有期限较长的债券，必须向他们支付流动性补偿，而且流动性补偿随着时间的延长而增加，因此实际观察到的收益率曲线总是要比预期假说所预计的高。这一理论还假定投资者是风险厌恶者，他只有在获得补偿后才会进行风险投资，即使投资者预期短期利率保持不变，收益率曲线也是向上倾斜的。如果 $R(t,T)$ 是时刻 T 到期的债券的到期收益，$E_t(r(s))$ 是时刻 t 对未来时刻即期利率的预期，$L(s,T)$ 是时刻 T 到期的债券在时刻 s 的瞬时期限溢价，那么按照预期理论和流动性偏好理论，到期收益率为：

$$R(t,T) = \frac{1}{T-t}\left[\int_t^T E_t(r(s))\,ds + \int_t^T L(s,T)\,ds\right] \quad (5.2)$$

3. 市场分割理论

预期理论对不同期限债券的利率之所以不同的原因提供了一种解释。但预期理论有一个基本假定：对未来债券利率的预期是确定的。如果对未来债券利率的预期不确定，那么预期理论也就不再成立。只要未来债券的利率预期不确定，各种不同期限的债券就不可能完全相互替代，资金也不可能在长短期债券市场之间自由流动。

市场分割理论认为，债券市场可分为期限不同的互不相关的市场，各有自己独立的市场均衡，长期借贷活动决定了长期债券利率，而短期交易决定了独立于长期债券的短期利率。根据这种理论，利率的期限结构是由不同市场的均衡利率决定的。

市场分割理论最大的缺陷正是在于它旗帜鲜明地宣称，不同期限的债券市场互不相关。这一理论无法解释不同期限债券的利率所体现的同步波动现象，也无法解释长期债券市场的利率随着短期债券市场利率波动呈现的明显有规律性的变化。

（二）现代利率期限结构理论

现代利率期限结构理论是指一系列随机期限结构（Stochastic Term Structure）模型，按照研究方法可以分为源于计量经济学的均衡模型（Equilibrium Models）和源于现代金融学的无套利模型（No - arbitrage Models）。

均衡模型又可以分为单因素模型和多因素模型，是金融产品定价中的传统模型，该类模型的优点是有助于理解经济变量间的潜在关系，缺点是该类模型是采用经济学方法建立的模型，缺乏金融市场的实证基础，形式简单，难以准确刻画利率变化的客观规律。

无套利时变参数模型（Time - Dependent Parameter Models），有 Heath、Jarrow 和 Morton 的 HJM 模型，Ho - Lee 模型和 Hull - White 模型。此类模型将利率初始期限结构视为已知，并且定义期限结构的演变路径，因而主观色彩较浓，模型参数估计依赖市场利率的历史数据。

1. 单因素模型

（1）默顿的 GET 模型。

默顿（Merton，1973）为导出折现债券价格模型，假设利率过程符合带漂移项的布朗运动，即：

$$dr_t = \mu dt + \sigma dZ \tag{5.3}$$

其中：r_t 表示期初短期利率（Instantaneous Short - term Interest Rate）；μ 表示短期利率的长期均值（Long - term Mean）；σ 表示利率波动率；dZ 表示标准维纳过程（Wiener Process）。

这一模型利率为负的概率大于零，而且这一模型没有体现利率具有均值回复特征。

（2）瓦西塞克模型。

早期收益率曲线的研究发现，利率有随机波动的性质。瓦西塞克（Vasicek，1977）首先提出一个均值回复（Mean – reverting）的期限结构模型，假定收益率曲线只被一个变量——短期利率 $r(t)$ 驱动，而 $r(t)$ 可以用一个均值回复的随机过程来表示。瓦西塞克模型可以表示为：

$$dr_t = \alpha(\mu - r_t)dt + \sigma dZ \qquad (5.4)$$

其中，α 表示均值回复调整系数，反映短期利率向其长期均值 μ 回复的速度。

（3）考克斯—英格索—罗斯模型。

考克斯、英格索和罗斯（Cox，Ingersoll and Ross，1981）运用资本资产定价模型与随机过程来研究利率的期限结构，建立了 Cox – Ingersoll – Ross 单因素模型（CIR 模型）。该模型与瓦西塞克模型唯一的区别在于对利率变化过程的假定不同：

$$dr_t = \alpha(\mu - r_t)dt + \sigma \sqrt{r_t}dZ \qquad (5.5)$$

模型各个变量的定义与瓦西塞克模型完全相同，漂移项（等式右边第一项）也与瓦西塞克模型完全相同，不同之处在于，CIR 模型的发散项假定中包含 r 的平方根项，称为利率的"平方根过程"，这一细小的差别使得 CIR 模型利率生成路径与瓦西塞克模型完全不同，模型的求解过程更加复杂。但是，CIR 模型的优势在于未来利率是严格非负的。

（4）Dothan 模型。

Dothan 模型也是一个非负利率模型，但是并不常用。Dothan 模型认为利率 r 服从对数正态分布（这一对数正态分布与 Black – Scholes 模型中的股票期权对数正态分布是相同的，只是缺少漂移项）：

$$dr = \eta r dZ \qquad (5.6)$$

这一模型中利率水平不存在均值回复现象，因此称为几何随机漫步或弹性随机漫步模型。拉普拉斯变换后也不能得到简单解。

2. 多因素模型（Multi - factor Models）

单因素模型在实际运用中遭到一定程度的质疑，主要的反对意见集中于单因素模型并不能确切地描述当前利率期限结构，因此理查德（Richard，1978），布伦南和施瓦兹（Brennan and Schwartz，1979），兰格蒂格（Langetieg，1980），考克斯、英格索和罗斯（Cox，Ingersoll and Ross，1985），郎斯塔夫和施瓦兹（Longstaff and Schwartz，1992）运用无套利分析方法以及效用基础（Utility - based）的分析方法，建立了多因素模型。多因素模型发展的早期，影响因子是任意选择的，较少关注理论支持。如理查德模型、布伦南—施瓦兹模型等。后来，考克斯、英格索和罗斯（1985）从一般均衡角度，从生产技术与典型代理人的可加性效用函数中推导出影响因子及其变动。

（1）理查德模型。

理查德模型采用实际利率 ρ 和通货膨胀率 π 作为两个因子，假设二者相互独立，并遵循以下平方根过程：

$$d\rho = a_\rho (\rho - \rho^*) dt + b_\rho \sqrt{\rho} dW_1 \qquad (5.7)$$

$$d\pi = a_\pi (\pi - \pi^*) dt + b_\pi \sqrt{\pi} dW_2 \qquad (5.8)$$

名义利率与实际利率、通货膨胀率之间的关系式为：

$$r = \rho + \pi(1 - var[dP/P]) \qquad (5.9)$$

其中，P 表示预期变化为通货膨胀率的价格，因而名义债券价格的解为：

$$P(t,T) = \dot{E}_t \left[exp \left(- \int_t^T r(u) du \right) \right]$$

$$= \hat{E}_t \left[exp\left(- \int_t^T \rho(u)\,du \right) \right] \hat{E}_t \left[exp\left(- \int_t^T \pi(u)\,du \right) \right]$$

$$exp(1 - V_P) \tag{5.10}$$

该模型存在两点不足：实际利率和通货膨胀率两个状态变量是预先确定并且是不相关的，实际情况是，众多研究表明，实际利率与通货膨胀率之间存在负相关关系。

（2）布伦南—施瓦兹模型。

布伦南—施瓦兹模型属于早期多因子模型，运用短期利率和长期利率作为因子解释利率的期限结构，假设短期利率对长期利率具有均值回复效应，并且两者都各自遵循对数正态分布，即：

$$dlnr = a(lnl - lnr)\,dt + b_1 dW_1 \tag{5.11}$$

$$dl = la(r,l,b_2)\,dt + b_2 l dW_2 \tag{5.12}$$

其中，r、l 分别代表短期利率与长期利率。在为两种利率过程选定合适的短期利率漂移和波动函数（消除利率出现负值的可能）后，作者证明了纯折现债券的价格必须满足下面的微分方程：

$$\frac{1}{2} P_{rr} r^2 \sigma_1^2 + P_{rl} \rho r l \sigma_1 \sigma_2 + \frac{1}{2} P_{ll} l^2 \sigma_2^2 + P_r \beta_r + P_l \beta_l - P_\tau - rP = 0$$

$$\tag{5.13}$$

式中，σ_1 和 σ_2 分别表示短期利率与长期利率的方差，而漂移项参数 β_r 和 β_l 则受波动参数、与两种利率水平相关的参数、依赖短期利率风险市场价格的效用函数等因素的影响。但是，从该模型中不能直接得到债券价格的封闭解，只能得到数值解。

（3）斯切法—施瓦兹模型。

斯切法（Schaefer）和施瓦兹利用布伦南—施瓦兹模型中

相同的利率信息，但是利用长短期利率之间的价差（$s = r - l$）来表示他们的利率期限结构模型。这种变形实际上仅仅是对变量的重新定义，从而得到解析解，这种变形结果是得到瓦西塞克和考克斯—英格索—罗斯两个单因子模型的解。

但是戴维阁、英格索和罗斯（Dybvig，Ingersoll and Ross，1992）证明了长期利率是非降的（斯切法—施瓦兹模型假设长期利率服从一个随机过程）；霍根（Hogan，1993）证明了布伦南—施瓦兹模型允许套利的存在。

（4）朗斯塔夫—施瓦兹模型。

朗斯塔夫和施瓦兹（Longstaff and Schwartz，1992）提出了用来对利率敏感型或有要求权进行定价的广义均衡框架，他们采用的两因子同考克斯—英格索—罗斯模型的变量形式相同，一个是短期均衡利率水平 r，一个是短期利率变化的方差 v，两种状态变量可以写成：

$$dy_1 = (a - by_1) dt + c \sqrt{y_1} dW_1 \qquad (5.14)$$

$$dy_2 = (d - ey_2) dt + f \sqrt{y_2} dW_2 \qquad (5.15)$$

其中，$dW_1 \times dW_2 = 0$，均衡利率与波动率为：

$r = \alpha y_1 + \beta y_2$

$v = \alpha^2 y_1 + \beta^2 y_2$

运用伊藤法则（Ito's Lemma）解联立方程，可以得到 dr 和 dv 的表达式，从而得到债券价格的封闭解。

3. 时变参数模型

时变参数模型的思路是将当前利率期限结构作为已知，通过不同的方法加入期限结构的波动因子。

（1）Ho – Lee 模型。

Ho – Lee 模型与以往利率期限结构模型的主要差别在于将

债券价格设为已知，因此模型不是用于求解债券价格，而是用于利率衍生产品定价。模型从当前可观测到的利率期限结构开始，计算一系列的远期利率，远期利率根据设定的干扰函数以二叉树的模式演变，运用套利理论并解差分方程，可以得到 u 和 d 的封闭解：

$$u(k) = \frac{1}{\hat{p} + (1 - \hat{p})\delta^k} \tag{5.16}$$

$$d(k) = \frac{\delta^k}{\hat{p} + (1 - \hat{p})\delta^k} \tag{5.17}$$

其中：δ 是衡量利率波动率的常数，δ 值越大，波动率越大；$\hat{p}$ 表示风险中性概率。根据这两个参数，可以确定整个二叉树的演变，从而对所有合约进行定价。

（2）Fong – Vasicek 模型。

方和瓦西塞克（Fong and Vasicek，1991，1992a，1992b）在无套利均衡框架下，推导得到了纯折现债券价格的表达方式，所采用的两因子同朗斯塔夫—施瓦兹模型相同。短期利率过程主要由下面的扩散过程确定：

$$dr = \alpha(\bar{r} - r)dt + \sqrt{v}dz_1 \tag{5.18}$$

其中，$\bar{r}$ 是短期利率的长期均值，v 是瞬时波动率，且服从下面的随机过程：

$$dv = \gamma(\bar{v} - v)dt + \xi\sqrt{v}dz_2 \tag{5.19}$$

其中，$\bar{v}$ 是波动的长期均值。波动过程的随机方差与当前的波动水平成比例，上面两式的两个过程都是在风险中性测度下进行描述的，短期利率的随机成分 dz_1 与波动过程的随机成分 dz_2 是相关的，相关系数为 ρ。

（3）赫尔—怀特模型。

赫尔—怀特（Hull - White）无风险利率动力学模型表达形式为：

$$dr(t) = [\varphi(t) - kr(t)]dt + \sigma_r dz(t) \qquad (5.20)$$

其中，k、σ_r 均为常数，$dz(t)$ 为标准维纳过程，该模型实际上是瓦西塞克模型的扩展形式。

（4）布莱克—德曼—托尔与布莱克—卡拉津斯基模型。

布莱克—德曼—托尔（Black - Derman - Toy）模型简称BDT 模型，原理与 Ho - Lee 模型相同，将债券价格设定为已知，建立二叉树模型。但是该模型除了可以拟合利率期限结构以外，还可以拟合波动性曲线，并且假定短期利率服从对数正态分布。之后，布莱克和卡拉津斯基（Black and Karazinski，1991）对 BDT 模型进一步发展，建立了 BDT 模型的连续时间形式的模型。

（5）希斯—加罗—默顿模型。

希斯—加罗—默顿（Heath - Jarrow - Morton）模型简称HJM 模型，是由希斯（Heath）、加罗（Jarrow）和默顿（Morton）在 1992 年提出的，是 Ho - Lee 模型的一般形式，是根据债券远期价格的收益对远期利率建立的模型，严格来讲，HJM 模型不是一个定价模型，而是一个框架，在这个框架下可以推导出所有无套利利率期限结构模型。

将以上各种利率期限结构的模型进行比较，见表 5.1。

表 5.1　　　　　　　　　期限结构变动模型总结

利率期限结构模型	概率分布		因子		均值回复		
	正态	对数正态	单因子	多因子	显性均值回复	隐含的均值回复	非均值回复
GET 模型		√	√				√

续表

利率期限结构模型	概率分布		因子		均值回复		
	正态	对数正态	单因子	多因子	显性均值回复	隐含的均值回复	非均值回复
Vasicek 模型	√		√		√		
Cox – Ingersoll – Ross（CIR）模型		√	√		√		
Dothan 模型		√	√				√
Richard 模型		√		√			
Brennan – Schwartz 模型		√		√		√	
Longstaff – Schwartz 模型		√		√	√		
Ho – Lee 模型	√		√				√
Fong – Vasicek 模型	√			√			
Hull – White（Vasicek 模型扩展）模型	√		√			√	
BDT 模型		√	√			√	
Heath – Jarrow – Morton（Ho – Lee 模型的一般形式）模型	√		√			√	

资料来源：根据相关资料整理

二　利率期限结构模型在我国的实证及模型选择

我国学者对我国利率期限结构的研究起步比较晚，但近几年研究成果突飞猛进。研究的内容集中在介绍国外的利率模型和对我国国债市场进行实证方面。

谢赤和吴雄伟（2002）通过广义矩方法，采用我国货币市场数据，对瓦西塞克模型与 CIR 模型进行了实证检验，检验结果支持瓦西塞克模型可以更好地描述我国货币市场利率变动[1][2]。

范龙振和王海涛（2003）采用上交所债券价格隐含利率期限结构数据，对连续时间两因子瓦西塞克模型进行了实证，实证结果表明此利率模型可以很好地解释 1 年期、2 年期和 3 年期利率变化，但对 4 年期、5 年期利率拟合有一定误差[3]。

张玉桂、苏云鹏和杨宝臣（2009）采用无损卡尔曼滤波的方法，使用瓦西塞克模型与 CIR 模型对上海银行间同业拆借利率（SHIBOR）的动态特性进行刻画，模型数据表明瓦西塞克模型拟合效果更好[4]。

从以上学者的实证结果来看，瓦西塞克模型对我国利率期限结构的描述更加符合我国利率实情，本书拟采用 Vasicek - GARCH（1，1）模型，选择的思路如下：

（1）罗杰（Roger，1995）对利率模型的选择问题专门进行了讨论，提出五条原则：灵活、简单、可估计、高拟合以及均衡模型。

均衡模型与无套利模型相比，无套利模型在计算中有可能出现负值[5]，而且此类模型的定价公式没有闭式解，模型有复

---

① 谢赤、吴雄伟：《基于 Vasicek 和 CIR 模型中的中国货币市场利率行为实证分析》，《中国管理科学》2002 年第 3 期。

② 吴雄伟、谢赤：《连续时间利率期限结构模型统一框架的演变及其改进》，《系统工程理论方法应用》2002 年第 3 期。

③ 范龙振、王海涛：《上海股票市场收益率因素研究》，《管理科学学报》2003 年第 1 期。

④ 张玉桂、苏云鹏、杨宝臣：《基于 Vasicek 和 CIR 模型的 SHIBOR 期限结构实证分析》，《统计与信息论坛》2009 年第 6 期。

⑤ 赖志杰：《我国产险业资产负债管理技术之研究——以动态财务分析为例》，硕士学位论文，朝阳科技大学，2003 年。

杂化趋势，并且均衡模型在我国的实证表明，该类模型已经能很好地说明问题，因此本书采用均衡模型对利率进行模拟。

（2）均衡模型选择。

均衡模型有单因子模型和多因子模型，遵循灵活性原则、简单性原则，我们选取单因子瓦西塞克模型进行模拟，理由如下：在均衡模型中，最为常用的是瓦西塞克模型、CIR 模型以及 CKLS 模型，其中瓦西塞克模型的随机过程较为简单，对模拟环境的要求较低，并且在对我国利率环境进行实证分析的资料中，瓦西塞克模型拟合程度最好。

三　基于瓦西塞克模型的利率发生器

瓦西塞克模型定义瞬时利率遵循随机函数方程：

$$dr_t = \theta \ (\mu - r_t) \ dt + \sigma dW_t \tag{5.21}$$

其中：θ、μ、r、σ 都是大于零的常数；W_t 是维纳过程（Wiener Process），定义了随机市场风险因素，它代表不断影响了系统随机性的干扰；σ 是标准差，代表利率的瞬时波动；θ 代表均值回复调整系数，即利率回复到长期均值的水平的速率；μ 代表短期利率长期均值。

瓦西塞克模型首次捕捉到了短期利率的均值回复（Mean Reversion）特征，这是利率有别于其他金融价格的主要特征。因此，利率不能无限量上升，这是因为利率在非常高的水平会阻碍经济活动，从而促使利率下降。同样，利率不能无限量地降低。因此，利率将会在有限的范围内，倾向于恢复到一个长期价值。在现实经济生活中，当利率水平很高的时候，会抑制投资，资金需求量减少，利率水平下降；反之，利率水平较低的时候，资金成本较低，资金需求量增加，利率水平趋于上升。

瓦西塞克单因子模型是一个典型的 Ornstein – Uhlenbeck 随机波动率模型，采用伊藤引理（Itō – Doeblin's Formula）代入：

$$f(r_t, t) = r_t e^{\theta t}$$

可以得到：

$$df(r_t, t) = \theta r_t e^{\theta t} dt + e^{\theta t} dr_t = e^{\theta t} \theta \mu dt + \sigma e^{\theta t} dW_t \quad (5.22)$$

从 0 到 t 积分我们得到：

$$r_t e^{\theta t} = r_0 + \int_0^t e^{\theta s} \theta \mu ds + \int_0^t \sigma e^{\theta s} dW_s \quad (5.23)$$

于是我们看到：

$$r_t = r_0 e^{-\theta t} + \mu(1 - e^{-\theta t}) + \int_0^t \sigma e^{\theta(s-t)} dW_s \quad (5.24)$$

给定瞬间利率 r_t，则未来某一时点 s 得到瞬时利率的长期均值为：

$$E_t[r(s)] = r(t)e^{-\theta(s-t)} + \mu[1 - e^{-\theta(s-t)}] \quad (5.25)$$

方差为：

$$var_t[r(s)] = \frac{\sigma^2}{2\theta}[1 - e^{-2\theta(s-t)}] \quad (5.26)$$

令 $s < t$，协方差为：

$$\begin{aligned}
cov(r_s, r_t) &= E[(r_s - E[r_s])(r_t - E[r_t])] \\
&= E[\int_0^s \sigma e^{\theta(u-s)} dW_u \int_0^t \sigma e^{\theta(v-t)} dW_v] \\
&= \sigma^2 e^{-\theta(s+t)} E(\int_0^s e^{\theta u} dW_u \overline{\int_0^t e^{\theta v} dW_v}) \\
&= \frac{\sigma^2}{2\theta} e^{-\theta(s+t)} [e^{2\theta \min - (s,t)} - 1]
\end{aligned} \quad (5.27)$$

瓦西塞克模型最大的缺陷是利率有可能出现负值，但是只要 $\theta > 0$，当 $t \to \infty$ 时，利率的期望值和方差将收敛于 μ 和 $\frac{\sigma^2}{2\theta}$。

四　瓦西塞克利率模型的参数估计

（一）数据选取与数据特征

1. 数据选取

单因子利率模型是将整条收益率曲线看作是单一状态变量，认为短期利率是模型中的唯一风险因素，如果短期利率变化，收益率曲线也将随之变化。建立单因子利率模型的事实依据是，当短期利率发生变化时，各种期限的利率变化是相关的。从理论上讲，短期利率就是期限无限逼近于零的利率，也被称为瞬时利率。直观而言，瞬时利率就是收益率曲线与纵轴的交点，然而它并不能在市场上直接观测到。因此，建模首要的工作就是找到瞬时利率的代表变量。

国外学者一般使用不同的市场短期利率作为瞬时利率的替代，如陈、卡洛里、朗斯塔夫和桑德斯（Chan，Karoli，Longstaff and Saunders，CKLS，1992）使用 1 个月期美国国债收益率；艾特 – 萨哈利（Ait – Sahalia，1996）使用 7 天欧洲美元利率；纽曼（Nowman，1997）使用 1 个月英国银行间中间利率。而杜菲（Duffee，1996）的研究表明 1 个月到期美国国债收益率存在"特异性变化"（Idiosyncratic Variation），不适宜作为代表变量，通过比较不同期限利率的相关性，得出 1 个月欧洲美元利率是瞬时利率的最佳代表。

国内学者也做过类似的尝试。例如，谢赤和吴雄伟（2002）在估计瓦西塞克模型和 CIR 模型时，选择 30 天银行间同业拆借利率的加权价作为瞬时利率的代表；潘冠中和邵斌

（2004）选择的则是7天银行间同业拆借利率[①]；潘冠中（2004）提出了选用7天银行间回购利率作为代表变量。

目前国内外研究表明，一般遵循以下两个原则：一是代表利率的变化与其他利率的变化相关性强。就理论而言，单因子利率模型只有一个随机因素，不同期限利率的变化受到这个共同随机因素的影响，是完全相关的。这样，检验一个市场短期利率是否适合作为瞬时利率的代表，可以看该利率的变化与其他期限利率的变化的相关性，相关性越强说明它越适合作为瞬时利率的代表。此外，建立利率模型目的之一是规避利率风险，这同样要求相关性强的标准。二是品种的交易量较大。利率模型有两个用途：利率衍生品定价和套期保值，其核心思想都是无套利原则。在现实市场中要消除套利机会，一个必要前提就是品种的交易充分活跃，交易量大。因此，只有交易量大的市场短期利率才适合成为利率模型的因素，换言之，才适合作为瞬时利率的代表变量。

目前，国内比较活跃的三个货币市场为银行间同业拆借市场（IBO）、银行间回购市场（IBR）和上海证券交易所回购市场（EXR），其中，银行间同业拆借利率[②]是我国货币市场最早利率市场化的品种。同业拆借利率不仅是各国中央银行进行经济调控的工具，也是存贷款利率确定的基准利率。本书选取1996年1月至2009年6月共计13年的银行同业拆借利率[③]

[①]　潘冠中、邵斌：《单因子利率模型的极大似然估计——对中国利率的实证分析》，《财经研究》2004年第10期。

[②]　中国银行间同业拆借利率英文全称为China Interbank Offered Rate，英文缩写为CHIBOR。

[③]　自1996年1月3日起全国统一同业拆借市场开始运行，因此数据起点定为1996年。

的数据，其中隔夜拆借利率起点为 1996 年 7 月，7 天拆借利率起点为 1997 年 1 月，其余中国银行间同业拆借利率起点为 1997 年 1 月。数据来自于《中国人民银行统计季报》。

2. 数据描述

下面给出了不同期限中国银行间同业拆借利率的数据统计结果（见表 5.2）、时间序列图（见图 5.1）以及一阶差分图（见图 5.2）。可以看出，中国银行间同业拆借利率的变化主要有三个阶段：第一个阶段是 1996 年 1 月到 1999 年底的快速下降阶段；第二个阶段是 1999 年底到 2007 年底的平稳波动阶段；第三个阶段是 2007 年底到 2009 年 6 月的剧烈波动阶段。利率波动的规律符合我国宏观调控政策，特别是 2008 年国际金融危机之后，我国宏观政策先紧后松，基准利率随之先升高而后降低，从各品种中国银行间同业拆借利率走势可以看出，2009 年上半年我国利率政策仍然维持在历史较低水平。

此外，从表 5.2 中的统计结果看[1]，所有中国银行间同业拆借利率的一阶差分均呈尖峰状态，其中 1 天、7 天、14 天中国银行间同业拆借利率样本数据呈现厚尾分布，符合金融数据常见的分布规律。

20 天、30 天、60 天一阶差分的偏度分别为 - 0.138058、0.023686、- 0.336390，接近于 0，说明该几组数据接近正态分布，其样本数据的峰度分别为 - 0.336390、1.096547、0.059495，说明样本值分布较为平滑。但是由于中国银行间同业拆借利率以 1 天与 7 天期同业拆借利率交易为主（见表 5.3），2009 年 1—10 月，1 天与 7 天期同业拆借市场成交量占全部成交量的

---

[1] 为保证统计结果具有可比性，统计样本值数据统一取自 1997 年 1 月至 2009 年 3 月。

95.35%，而 20 天、30 天、60 天品种成交量仅占全部拆借成交量的 1.14%，市场影响力较弱，因此其分布对利率市场的影响有限。

表 5.2　不同期限银行间同业拆借利率（CHIBOR）统计特征

期限（天）	变量	μ（均值）	σ（标准差）	max（最大值）	min（最小值）	Skewness（偏度）	Kurtosis（峰度）
1	样本值	0.025861	0.000439	0.118800	0.008064	3.236195	9.575641
	一阶差分	-0.000048	0.000014	0.064800	-0.070759	-2.380400	137.590557
7	样本值	0.032378	0.000660	0.136155	0.008855	2.431934	4.670360
	一阶差分	-0.000038	0.000026	0.040200	-0.067144	-1.389720	31.401496
14	样本值	0.032259	0.000653	0.141905	0.009100	2.479353	5.049895
	一阶差分	-000057	0.000032	0.060470	-0.111405	-3.098169	90.797570
20	样本值	0.037971	0.000907	0.124200	0.009500	1.787831	1.655277
	一阶差分	-0.000085	0.000044	0.047400	-0.052500	-0.138058	14.161873
30	样本值	0.041639	0.000865	0.144000	0.009000	1.552250	1.096547
	一阶差分	-0.000056	0.000092	0.055200	-0.050400	0.023686	7.061192
60	样本值	0.047153	0.000997	0.156000	0.010086	1.228215	0.059495
	一阶差分	-0.000079	0.000105	0.046800	-0.073200	-0.336390	6.366517

数据来源：中国人民银行网站

表 5.3　2009 年 1—10 月全国银行间同业拆借市场交易期限
分类统计表

期限	1 天	7 天	14 天	20 天	30 天	60 天	其他	加总
交易量（亿笔）	125863.65	18190.87	4763.45	422.89	1035.96	261.36	541.16	151079.3
比例（%）	83.31	12.04	3.15	0.28	0.69	0.17	0.36	100

数据来源：中国人民银行网站

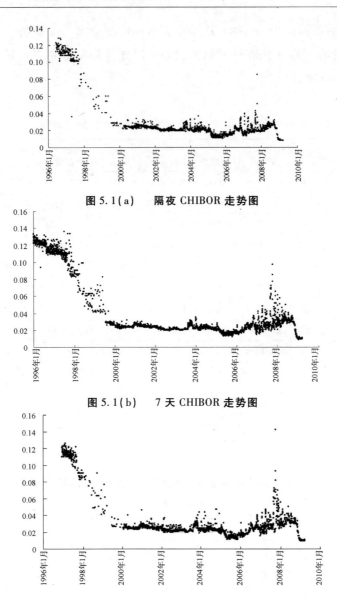

图 5. 1(a)　　隔夜 CHIBOR 走势图

图 5. 1(b)　　7 天 CHIBOR 走势图

图 5. 1(c)　　14 天 CHIBOR 走势图

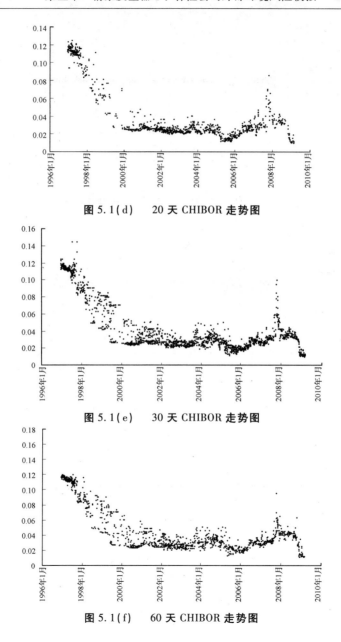

图 5.1(d)　　20 天 CHIBOR 走势图

图 5.1(e)　　30 天 CHIBOR 走势图

图 5.1(f)　　60 天 CHIBOR 走势图

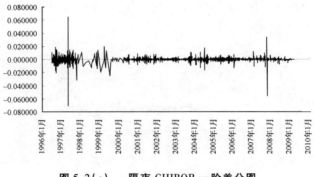

图 5.2(a)   隔夜 CHIBOR 一阶差分图

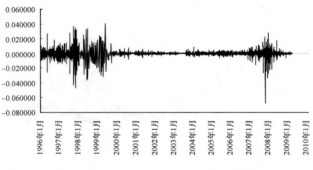

图 5.2(b)   7 天 CHIBOR 一阶差分图

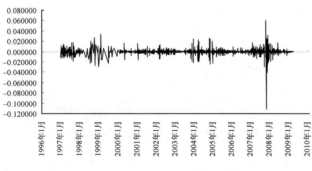

图 5.2(c)   14 天 CHIBOR 一阶差分图

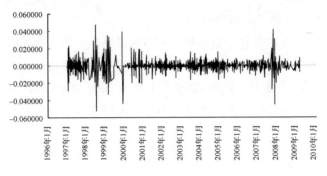

图 5. 2(d)　　20 天 CHIBOR 一阶差分图

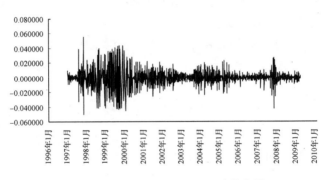

图 5. 2(e)　　30 天 CHIBOR 一阶差分图

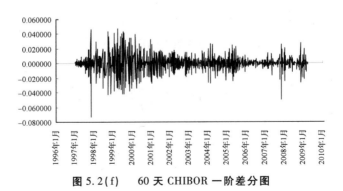

图 5. 2(f)　　60 天 CHIBOR 一阶差分图

（二）模型参数确定

根据以上数据分析结果，本书选取隔夜中国银行间同业拆借利率作为样本，对瓦西塞克利率模型参数进行估计，回溯期从利率波动趋于平稳的 2000 年 1 月至 2009 年 10 月，选取每月中国人民银行公布的隔夜中国银行间同业拆借利率加权平均利率，共计 118 个数据[①]。

我们在前面已经给出了瓦西塞克模型的表达式（5.21）：

$$dr_t = \theta\ (\mu - r_t)\ dt + \sigma dW_t$$

假定瞬时利率为 $r(t)$，则未来某一时点 s 的瞬时利率长期均值与方差分别可以表示为：

$$E_t[\,r(s)\,] = r(t)e^{-\theta(s-t)} + \mu[\,1 - e^{-\theta(s-t)}\,] \qquad (5.28)$$

$$var_t[\,r(s)\,] = \frac{\sigma^2}{2\theta}[\,1 - e^{-2\theta(s-t)}\,] \qquad (5.29)$$

采用瓦西塞克模型作为利率模拟路径，需要估计模型参数 θ、μ、σ。

将 2000 年 1 月至 2009 年 10 月中国人民银行公布的加权平均利率资料代入自回归公式 AR（1）：

$$r_t = \alpha + \beta r_{t-\Delta t} + \varepsilon_t \qquad (5.30)$$

其中：

$$\alpha = \theta(1 - \beta)$$

$$\beta = e^{-\theta \Delta t}$$

$$\sigma_s^2 = \frac{\sigma_t^2(1 - \beta^2)}{2\theta}$$

将数据输入 Eviews 5.0，其中 $\Delta t = \frac{1}{12}$，模型参数估计结果

---

① 2000—2002 年数据来自《中国金融年鉴》，2003—2009 年数据来自中国人民银行网站。

见表 5.4。

表 5.4　　　　　　　　瓦西塞克模型参数估计结果

估计项	α	β	θ	μ	$\sigma_s{}^2$	$\sigma_t{}^2$
隔夜 CHIBOR 参数	1.9413	0.8389	12.05	2.0148	0.2548	20.7315

因此瞬时利率模拟路径：

$$r_t = 1.941263 + 0.838885 r_{t-\Delta t} + \varepsilon_t \qquad (5.31)$$

$$t：(12.152)(16.499)$$

$$R^2 = 0.703 \quad DW = 2.28$$

图 5.3 显示，残差项的偏度为 -0.751906，接近于 0，峰度为 2.841462，小于 3；图 5.4 残差项的 QQ 图显示，残差近似正态分布。DW 值接近 2，序列自相关性不明显。

将估计参数代回模型，可得长期利率模拟路径：

$$dr = 1.9413(12.05 - r)dt + \sqrt{20.7315}\,\varepsilon\,\sqrt{dt} \qquad (5.32)$$

假设计算日当天隔夜拆借利率为 2.0342%（r_0），抽取乱数为 0.30772，模拟一天的利率，则 $dt = \dfrac{1}{250}$，代入式（5.32），可得：$dr = 0.12143\%$，则第一个模拟利率为：

$$r_1 = r_0 + dr = 2.0342\% + 0.12143\% = 2.15563\%$$

以此类推，抽取第二个乱数，可求得第二、第三个模拟利率 r_2、r_3……

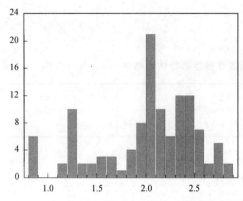

图 5.3　隔夜 CHIBOR 统计特征图

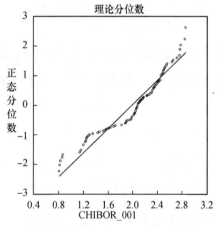

图 5.4　隔夜 CHIBOR 残差 QQ 图

第二节　通货膨胀风险模拟

通货膨胀是影响财产保险公司负债面损失赔付率的重要环境变量，也是保险公司保费收入增长、资产价格变化的重要参考变量。

在对通货膨胀率进行动态估计的文献中，就通货膨胀是否是宏观经济先行指标问题分为两派：一派认为，在宏观经济变量当中，通货膨胀率是现行指标，其变动引发利率等经济因素的变化[①]，因此通货膨胀率是其自身变化的函数，应该使用通胀历史数据并配合随机白噪声序列予以估计。

另一派则认为，通货膨胀率与其他宏观经济指标具有较强的相关性，应在建模时考虑其他经济因素的影响。如迪肯（Daykin）等人的研究表明，短期连续市场利率与通货膨胀率之间存在强相关性[②]。因此，英格兰银行的《通货膨胀报告》从1994年起开始定期公布根据短期利率期限结构推导出来的预期通货膨胀率；1996年，美联储也决定把利率期限结构作为一个重要的先行经济景气指数，并定期公布长期与短期利差的变动。于鑫建立了我国长短期利率对通货膨胀率的回归模型[③]。

我国学者也试图从各个经济指标与通货膨胀率的相关性出发，预测通胀率。如叶阿忠和李子奈（2000）建立了我国外汇储备与通货膨胀率的混合回归模型[④]；陈慎思（2005）建立了我国GDP增长与通货膨胀率之间的回归模型[⑤]；赵国庆等人（2008）运用误差修正模型分析了我国粮食价格与通货膨胀率

①　Wilkie A D. More on a stochastic asset model for actuarial use ［J］. British Actuarial Journal, 1995（1）：777 – 964.

②　Daykin C D, Pentikainen T and Pesonen M. Practical Risk Theory for Actuaries ［M］. Chapman Hall, 1994.

③　于鑫：《利率期限结构对宏观经济变化的预测性研究》，《证券市场导报》2008年第10期。

④　叶阿忠、李子奈：《我国通货膨胀的混合回归和时间序列模型》，《系统工程理论与实践》2000年第9期。

⑤　陈慎思：《中国的通货膨胀率与GDP增长率关系的实证研究》，《中山大学研究生学刊》（社会科学版）2005年第26期。

之间的因果关系[①]。乜玉平和庞如超（2008）对我国宏观货币供应量与居民消费价格指数（Consumer Price Index，CPI）之间的关系进行了格兰杰因果关系检验（Granger 检验）[②]。

从各种方法对我国通货膨胀率的预测结果看，相关性研究的效果并不比通货膨胀自回归模型结果更有说服力，如叶阿忠和李子奈（2000）建立的混合回归时间序列模型的实证结果表明，向量自回归模型的平均预测误差为 0.003658，而混合模型预测值的误差为 0.001573，按照 1998 年 11 月居民消费价格指数 0.987 计算，这个误差是微不足道的。而且国外一些研究表明，经济变量对通货膨胀率的解释能力有待进一步探讨，如对于普遍认可的利率期限结构与通胀率之间的关系，较为一致的观点是：利率期限结构模型对通货膨胀率的解释能力很强，但两者关系的稳定性可能会随着货币政策体制的变化而变化。如埃斯特里亚（Estrella，2005）认为："利率期限结构（对通货膨胀率）的预测能力很强，但不是结构性的。"[③] 因此，本书以较为直观的向量自回归模型作为建模手段，假设通货膨胀率是宏观经济货币政策的后果，但其自身变化具有内在规律。

一　通货膨胀率 VAR 模型

传统计量经济学用联立方程组的结构性方法来建立变量之间的数量关系，其特征是依赖经济理论提供数据间相关性、因

---

①　赵国庆、于小华、曾寅初：《通货膨胀预期与 Granger 因果性研究》，《数量经济技术经济研究》2008 年第 4 期。

②　乜玉平、庞如超：《我国通货膨胀与货币供应量关系的实证分析》，《价格月刊》2008 年第 6 期。

③　Estrella A. Why does the yield curve predict output and inflation? [J] . Economic Journal, 2005：722 – 744.

果性支持。但是，经济理论不足以对变量之间的动态联系提供严密的证明，如内生变量既可以出现在等式的左端，又可以出现在等式的右端，经济理论无法得到完美解释。C. A. 西姆斯（C. A. Sims，1980）对以往涉及大量宏观经济变量的实证模型提出看法，他认为：在这些实证研究中，常常要假定某些外生变量仅仅出现在某些结构化方程中，而这种判断往往是主观的，因此西姆斯提出一种非结构性的多元方程模型，核心是采用所有当期变量对所有滞后变量进行回归，用于对时间序列未来的预测，并且分析随机扰动因素对变量系统的动态影响。这一方法将每个变量均视为内生变量，用古扎拉蒂（Gujarati，1997）的表述就是"让数据自己说话"。因此，VAR 模型本身不需要任何约束条件和理论论证，因为任何约束和理论论证都违背了"让数据自己说话"的初衷。

$VAR_{(p)}$ 模型描述的是在同一样本期间内 n 个变量可以作为它们过去值的线性函数，其一般形式可以表示为：

$$y_t = c + A_1 y_{t-1} + A_2 y_{t-2} + \cdots + A_p y_{t-p} + \varepsilon_t \quad (5.33)$$

其中，c 是 $n \times 1$ 常数向量，A_p 是 $n \times n$ 矩阵，ε_t 是 $n \times 1$ 误差向量，它反映了除解释向量之外其他变量对 y_t 的影响，它的来源是白噪声。方程估计完成后，R^2 统计量将小于 1，当 y_t 与解释变量完全相关时，R^2 才等于 1。R^2 越接近于 1，说明拟合的效果越好。

二　模型参数估计

采用 1997 年 1 月到 2009 年 11 月月度居民消费价格指数（CPI）数据进行拟合，全部数据来源于 Wind 数据库。因为 1997 年初，中国人民银行对金融统计制度进行了调整，自 1997 年一季度起，金融数据与历史数据不可比，所以我们选

择 1997 年 1 月为样本区间的初始日期。根据公式:

$$\pi_t = \frac{(CPI_{t+i} - CPI_t)}{CPI_t} \times 100\% \qquad (5.34)$$

将 CPI 数据换算成当期通货膨胀率,有两种换算方法,一种是环比,另一种是同比(见图 5.5、图 5.6)。经 VAR(2)计算,同比通货膨胀的拟合效果好于环比数据(见表 5.5),其原因在于物价指数具有季节性波动,同比数据平抑了季节性波动带来的影响,因此本书采用同比通货膨胀率数据拟合。

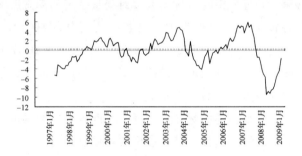

图 5.5　1997 年 1 月至 2009 年 1 月我国同比通货膨胀率曲线

数据来源:Wind 数据库

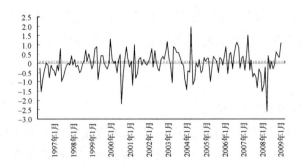

图 5.6　1997 年 1 月至 2009 年 1 月我国环比通货膨胀率曲线

数据来源:Wind 数据库

表 5.5　同比通货膨胀率与环比通货膨胀率拟合效果比较

VAR（2）	R－squared	Adj. R－squared
同比	0.892752	0.891198
环比	0.029499	0.016472

建立回归方程：

$$\pi_t = \sum_{i=1}^{k} A_i \pi_{t-i} + \varepsilon_t \qquad (5.35)$$

其中，π_t 表示第 t 期物价指数，A_i 是系数向量，π_{t-i} 表示第 $t-i$ 期通货膨胀率，ε_t 代表随机扰动。

为了恰当地估计通货膨胀率，应当确定滞后期，我们运用信息准则[①]，不同滞后期下的 AIC 值和 SC 值见表 5.6（通货膨胀有季节性规律，以一年为周期，因此选择滞后期最大 12 阶）。

表 5.6　　物价指数不同滞后值下的 AIC 值和 SC 值

滞后值	1	2	3	4	5	6	7	8	9	10	11	12
AIC值	2.027	2.014	1.993	1.998	2.011	1.998	2.009	2.025	2.035	2.048	2.068	2.081
SC值	2.077	2.073	2.073	2.098	2.131	2.139	2.172	2.208	2.239	2.274	2.316	2.350

AIC 准则与 SC 准则都显示，3 阶 AIC 值与 SC 值是最小的，

---

① 准确建立 VAR 模型的关键在于滞后期数的确定，在实际应用中，一方面希望滞后期 p 足够长，可以更加完整地反映构造模型的动态特征；但另一方面，滞后期越长，模型中待估参数越多，损失的自由度也越多。因此，需要在滞后期和自由度之间寻找一个均衡点，一般根据 AIC 和 SC 信息量取值最小的准则来确定模型的滞后阶数。

因此选择 3 阶滞后进行估计，模型参数估计结果见表 5.7。

表 5.7　　　　　　　通货膨胀 VAR 模型参数估计值

参数名称	A_1	A_2	A_3	ε_t
估计值	1. 108893	− 0. 044675	− 0. 111749	4. 808887
Se.	0. 08115	0. 12142	0. 08057	2. 17857
t − statistics	13. 6651	− 0. 36794	− 1. 38698	2. 20736

估计结果为：

$$CPI_t = 1. 108893\, CPI_{t-1} - 0. 044675\, CPI_{t-2} -$$
$$0. 111749\, CPI_{t-3} + 4. 808887 \qquad (5.36)$$

三　通胀模型模拟效果检验

通货膨胀 VAR 模型的 $R^2 = 0.933307$，接近于 1，表明拟合效果较好，对 1997 年 1 月到 2009 年 11 月的 CPI 数据进行回溯测试，如图 5.7 所示（虚线为估计值），两条曲线几乎重叠，模拟效果很好。

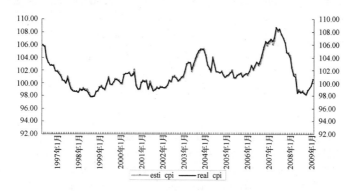

图 5.7　通胀模型模拟结果与实际数据拟合图

第三节　市场收益率风险模拟

保险公司的主要资产可以分为三种类型：固定收益型资产、权益资产和实物资产①。其中：固定收益型资产包括固定收益资产和货币市场工具；权益资产包括股票、证券投资基金等风险投资工具。

一　资产收益率模型研究概述

如前所述，保险公司资产主要包括固定收益型资产、权益资产和实物资产。其中固定收益型投资资产的预期收益率主要受利率影响，其账面价值的大小由利率期限结构决定。而权益类投资资产的预期收益率的确定有很多方法，如资产组合模型、资本资产定价模型（Capital Asset Pricing Model，CAPM）、套利定价模型（Arbitrage Pricing Theory，APT）以及布莱克—舒尔茨（Black - Scholes，B - S）定价公式等。在会计计量中，实物资产是指有物质形态的资产。它包括存货和固定资产等，存货包括库存材料、成品以及生产中的半成品。对财产保险公司来说，没有存货，而固定资产主要包括使用期超过一年的房屋、建筑物、机器、机械、运输工具以及其他与生产、经营有关的设备、器具、工具等。由于房地产等作为投资项目的流动性很差，因此本书不考虑实物资产对投资收益的影响。

（一）固定收益型资产收益率

固定收益型资产一般指各种债券，其期末价值由下式

① 张琳、张勇：《动态财务分析中的投资产生器》，《系统工程》2007年第3期。

给出：

$$BV_t{}^{End} = \sum_{G=1}^{5} BV_{t,G}{}^{End} \qquad (5.37)$$

$G = 1,2,3,4,5$ 是债券按期限分组，其中 $G = 1$ 是期限为 1 年以下的组，$G = 2$ 是期限为 2 年以下的组，以此类推。其中：

$$BV_{t,G}{}^{End} = BV_{t,G}{}^{Begin} + \frac{1}{AM_G}(FV_{t,G}{}^{Begin} - BV_{t,G}{}^{Begin}) \quad (5.38)$$

其中，FV 是债券的面值，AM 是债券平均到期日。

同样地，债券的市值由下面公式计算：

$$MV_t{}^{End} = \sum_{G=1}^{5} MV_{t,G}{}^{End} \qquad (5.39)$$

其中：

$$MV_{t,G}{}^{End} = FV_{t,G}{}^{Begin} \times PV_{t,G}{}^{End} \qquad (5.40)$$

其中：

$$PV_{t,G}{}^{End} = e^{-(AM_G-1)R_{t,AM_G-1}} + CR_G \sum_{T=1}^{AM_G-1} e^{-TR_{t,T}} \quad (5.41)$$

其中，PV 表示每 1 元债券的现值，R 是利率，CR 是票面利息。

（二）权益资产市场收益率

在现代金融理论中，权益资产收益率的分布函数是个值得探讨的领域。最初，股市收益率通常被假定为服从正态分布。但大量的实证研究表明，股市收益率分布的密度函数在尾部的分布特征呈现厚尾性[①]。

法玛（Fama，1968，1972）早期研究了包括道·琼斯工业平均指数（Dow Jones Industrial Average）在内的 30 只股

---

① Dostoglou S A. Stable distributions and the term structure of interest rates [J]. Mathematical and Computer Modelling, 1999, 29: 57 – 60.

票，并断定所有股票收益率存在厚尾特征[1][2]。坎贝尔、罗和麦肯雷（Campbel，Lo and MacKinlay，1997）的研究表明，股票日收益存在偏度并且日收益分布比月收益分布有更厚的尾部；日收益指数比单只股票收益有更明显的厚尾现象。贝克特（Bekaert，1998）等人发现在新兴的股票市场和其三个较大的股票指数中存在着偏度和厚尾性。西奥多斯奥（Theodossiou，1998）分析了美国、加拿大和日本三个国家中较大股票指数的日收益的对数变化，断定所有这些股票指数中存在显著的厚尾性，而只有日本股票指数中存在明显的偏度。库兹马斯基和罗森鲍姆（Kuczmarski and Rosenbaum，1999）研究了 1927—1933 年内纽约股票交易所内所有交易股票的一个投资组合，发现投资组合的月收益分布存在厚尾性而无偏度。近来，何（Ho，2000）研究了亚洲地区六个较大国家的股票市场指数，发现所有的股票市场中的收益指数都存在明显的厚尾性。值得注意的是，具有高频率数据的日收益分布既存在偏度又存在厚尾性，而含有较低频率数据的周收益或月收益却有轻微的厚尾性但无偏度。吴新林（2009）用历史数据验证了深成指、沪综指存在尖峰厚尾现象[3]；蔡晓黎（2008）对上证综指对数收益率进行了实证研究，建立了 GARCH – t（1，1）模型；崔畅（2009）假设股票收益率服从广义误差分布（Generalized Error Distribution，GED），

---

[1]　Fama E，Roll R. Some properties of symmetric stable distributions ［J］. JASA，1968（63）：817 – 831.

[2]　Fama E，Roll R. Parameter estimates for symmetric stable distributions ［J］. Journal of the American Statistical Association，1971，66：331 – 338.

[3]　吴新林：《沪深股市收益率的厚尾性分析》，《湖北经济学院学报》（人文社会科学版）2009 年第 9 期。

通过模型检验，发现股票价格波动有条件异方差性。此外，董大勇、金炜东和郑瑶（2006）利用上海 A 股数据，验证了除行为金融学支持的主观分布外，传统 t 分布、χ^2 分布、正态分布、稳定分布、双正态混合分布中，t 分布更能刻画我国股票市场的统计特征。本书拟采用 t 分布作为我国股市收益率的分布函数。

在动态财务分析（DFA）对权益资产模拟中，参考金融学资产定价模型考量权益资产的市场收益率，有资本资产定价模型、单因素分析、多因素分析等。

对于资产如何定价，20 世纪 50 年代，马科维茨提出了投资组合的均值—方差模型，人们开始采用均值代表收益，方差代表风险。威廉·夏普给出了资本资产定价模型的基本形式，被称为资本资产定价模型[1][2]。资本资产定价模型大大简化了马科维茨的计算量，成为现代金融学最重要的理论基石，并由此引出了大量关于股票市场的实证研究。虽然在资本资产定价模型提出的早期阶段，实证检验的结果支持该理论，但正如罗尔（Roll）所说，资本资产定价模型在实践中是不可检验的，因为无法证明市场上的指数投资组合是有效投资组合，从而无法找到真正的 β 系数。而且当投资组合涉及上百种可供选择的资产时，需要计算所有资产的协方差矩阵，因此资本资产定价模型在实践中遇到阻力。证券分析家开始探索其他更简便的方法。特雷诺（Treynor，1965）、夏普（1966）及詹森（1968）的指数模型，都是以资本资产定

① Sharpe W F. Capital asset prices：a theory of market equilibrium under conditions of risk ［J］. Journal of Finance，1964（19）：425 – 442.

② Sharpe W F. Portfolio Theory and Capital Market ［M］. New York：McGraw – Hill，1970：1.

价模型为研究基础，这一系列模型被称为单因素模型。后来的学者在此基础上又发展了多因素模型。多因素模型中，应用最广泛、最能有效反映股市收益率变化的当属法玛和弗兰奇（French，1992）提出的三因子模型。

二　基于三因子模型的权益资产收益率模拟

（一）三因子模型简介

资本资产定价模型假定投资人可作完全多角化的投资来分散可分散的风险（非系统风险），但对市场风险（系统风险）无能为力，因此要想获得风险贴水（Risk Premium）就要关心证券报酬率与证券市场风险间的关系，市场风险系数用 β 表示，而资本资产是指股票、债券等有价证券。其计算公式为：

$$E(r_i) = r_f + \beta_i [E(r_m) - r_f] \tag{5.42}$$

$$\beta_i = \frac{Cov\ (r_i,\ r_m)}{\sigma_m^2} \tag{5.43}$$

其中，r_i 是证券 i 的回报率，r_m 是市场证券组合的回报率，r_f 是无风险利率，σ_m^2 是市场证券组合的方差。

资本资产定价模型被认为是现代金融学资本定价理论的基石，但是市场出清假设很难满足，并且不同资产规模会影响资产组合的收益率[①]。

多因素模型的出现就是基于对资本资产定价理论有效性的怀疑。1992 年，法玛和弗兰奇对 β、资产规模、BE/ME（账面权益值/市场权益值）、E/P 等因素进行了测试，发现规模因素和 BE/ME 因素的显著性最强。经过一番实证研究，法玛和弗

---

① 余斌：《资本资产定价模型（CAPM）遗留问题的探讨》，《经济学家》2009 年第 12 期。

兰奇提出了著名的三因子模型[1][2]，模型表达形式为：

$$r_t - r_{ft} = a + b_i(r_M - r_{ft}) + s_i SMB_t + h_i HML_t + \varepsilon_t \quad (5.44)$$

$$E[r_i] - r_f = b_i(E[r_M] - r_f) + s_i E[SMB] + h_i E[HML] \quad (5.45)$$

其中，SMB 为小规模股票资产组合收益超过大规模股票资产组合的收益，小规模股票资产组合用 S/L、S/M、S/H 表示，大规模股票资产组合用 B/L、B/M、B/H 表示，B、S 分别代表大、小规模公司，L、M、H 分别代表低、中、高市盈率，因此，SMB 代表每月 S/L、S/M、S/H 的平均收益率与 B/L、B/M、B/H 平均收益率之差。

同理，HML 代表高账面价值/市值比的股票资产组合收益超过低账面价值/市值比的股票资产组合收益，即为每个月组合 S/H、B/H 的平均收益率与 S/L、B/L 的平均收益率之差。$r_M - r_f$ 代表风险溢价。

（二）三因子模型参数确定

1. 风险溢酬因子 $r_M - r_f$

计算风险溢酬因子需要两个参数，一个是无风险收益率 r_f，另一个是市场收益率 r_M。

对于无风险收益率 r_f，国际上通用的做法是采用短期国债利率，比如美国采用 3 个月政府债券的年收益率作为无风险利率。但是我国短期国债发行量很少，因此本书采用前面利率发生器产生的银行隔夜拆借利率（CHIBOR）作为无风险利率的替代。

① Fama E, French K. Common Risk Factors in the Returns on Stocks and Bonds [J]. Journal of Financial Economics, 1993 (33): 3-56.

② Fama E, French K. Size and Book-to-market Factors in Earnings and Returns [J]. Journal of Finance, 1995, 50 (1): 131-156.

对于市场收益率 r_M，采用 2005 年 1 月至 2009 年 12 月中国 A 股市场共计 60 个月度收益率数据作为数据来源①，图 5.8 为我国 A 股市场月平均收益率，图中各曲线分别代表等权平均市场月收益率、流通市值加权平均市场月收益率、总市值加权平均市场月收益率，本书采用两市流通市值作为权重计算获得市场综合收益率数据时间序列。

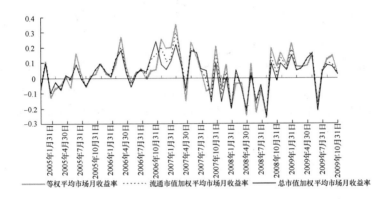

图 5.8　2005 年 1 月到 2009 年 12 月我国 A 股市场平均月收益率情况

数据来源：根据锐思金融研究数据库提供数据整理

根据公式：

$$E[r_M - r_f] = E[r_M] - r_f \qquad (5.46)$$

先估计 $E[r_M]$，设 r_M^{flow} 为流通市值加权平均市场月收益率，r_M^{sum} 为总市值加权平均市场月收益率，r_M^{aver} 为等权平均市场月收

---

① 学术界通常根据中国股市波动率特征将中国 A 股市场分为三个阶段：1992 年 1 月至 2001 年 6 月，2001 年 6 月至 2005 年 12 月，2005 年 12 月至今，为保证一定的回溯期，本书将最后一个阶段周期前推 12 个月，数据采集从 2005 年 1 月到 2009 年 12 月。

益率，则：

$$E[\,r_M\,] = \frac{E[\,r_M^{flow}\,] + E[\,r_M^{sum}\,] + E[\,r_M^{aver}\,]}{3}$$

$$= \frac{\dfrac{\sum\limits_{t=1}^{60} r_{Mt}^{flow}}{60} + \dfrac{\sum\limits_{t=1}^{60} r_{Mt}^{sum}}{60} = \dfrac{\sum\limits_{t=1}^{60} r_{Mt}^{aver}}{60}}{3} \qquad (5.47)$$

$$E[\,r_M\,] = \frac{0.025773 + 0.030682 + 0.039128}{3} = 0.0318603$$

因此：

$$E[\,r_M - r_f\,] = 0.0318603 - r_f \qquad (5.48)$$

需要说明的是，这里风险溢酬因子可以根据需要估计的时期进行动态计算。本书对 2005 年 1 月到 2009 年 12 月共计 60 个风险溢酬因子进行计算，计算结果见表 5.8。

表 5.8(a)　　根据流通市值加权平均月收益率计算的风险溢酬因子

日期	$(r_M - r_f)^{flow}$	日期	$(r_M - r_f)^{flow}$	日期	$(r_M - r_f)^{flow}$
2005 - 01 - 31	- 0.0608	2006 - 09 - 29	0.0478	2008 - 05 - 30	- 0.0790
2005 - 02 - 28	0.0938	2006 - 10 - 31	0.0216	2008 - 06 - 30	- 0.2310
2005 - 03 - 31	- 0.1075	2006 - 11 - 30	0.1209	2008 - 07 - 31	0.0289
2005 - 04 - 29	- 0.0318	2006 - 12 - 29	0.1428	2008 - 08 - 29	- 0.1774
2005 - 05 - 31	- 0.0704	2007 - 01 - 31	0.1921	2008 - 09 - 26	- 0.0694
2005 - 06 - 30	0.0124	2007 - 02 - 28	0.1038	2008 - 10 - 31	- 0.2676
2005 - 07 - 29	- 0.0187	2007 - 03 - 30	0.1243	2008 - 11 - 28	0.1304
2005 - 08 - 31	0.0892	2007 - 04 - 30	0.2957	2008 - 12 - 31	0.0131
2005 - 09 - 30	0.0038	2007 - 05 - 31	0.1003	2009 - 01 - 23	0.1330
2005 - 10 - 31	- 0.0519	2007 - 06 - 29	- 0.0863	2009 - 02 - 27	0.0576

续表

日期	$(r_M-r_f)^{flow}$	日期	$(r_M-r_f)^{flow}$	日期	$(r_M-r_f)^{flow}$
2005 – 11 – 30	– 0. 0026	2007 – 07 – 31	0. 1938	2009 – 03 – 31	0. 1858
2005 – 12 – 30	0. 0492	2007 – 08 – 31	0. 1577	2009 – 04 – 30	0. 0501
2006 – 01 – 25	0. 0946	2007 – 09 – 28	0. 0470	2009 – 05 – 27	0. 0536
2006 – 02 – 28	0. 0331	2007 – 10 – 31	– 0. 0196	2009 – 06 – 30	0. 1151
2006 – 03 – 31	0. 0159	2007 – 11 – 30	– 0. 1472	2009 – 07 – 31	0. 1704
2006 – 04 – 28	0. 1155	2007 – 12 – 28	0. 1468	2009 – 08 – 31	– 0. 2142
2006 – 05 – 31	0. 2028	2008 – 01 – 31	– 0. 1145	2009 – 09 – 30	0. 0507
2006 – 06 – 30	0. 0420	2008 – 02 – 29	0. 0325	2009 – 10 – 30	0. 0947
2006 – 07 – 31	– 0. 0571	2008 – 03 – 31	– 0. 1953	2009 – 11 – 30	0. 0917
2006 – 08 – 31	0. 0353	2008 – 04 – 30	0. 0252	2009 – 12 – 31	0. 0216

数据来源：根据锐思金融研究数据库提供数据整理

表 5. 8(b)　　　根据总市值加权平均月收益率计算的
风险溢酬因子

日期	$(r_M-r_f)^{sum}$	日期	$(r_M-r_f)^{sum}$	日期	$(r_M-r_f)^{sum}$
2005 – 01 – 31	– 0. 0627	2006 – 09 – 29	0. 0524	2008 – 05 – 30	– 0. 0692
2005 – 02 – 28	0. 0942	2006 – 10 – 31	0. 037	2008 – 06 – 30	– 0. 2105
2005 – 03 – 31	– 0. 0984	2006 – 11 – 30	0. 135	2008 – 07 – 31	0. 019
2005 – 04 – 29	– 0. 0276	2006 – 12 – 29	0. 2377	2008 – 08 – 29	– 0. 1549
2005 – 05 – 31	– 0. 0803	2007 – 01 – 31	0. 0873	2008 – 09 – 26	– 0. 0495
2005 – 06 – 30	0. 0204	2007 – 02 – 28	0. 0522	2008 – 10 – 31	– 0. 2532
2005 – 07 – 29	– 0. 0033	2007 – 03 – 30	0. 1123	2008 – 11 – 28	0. 0949
2005 – 08 – 31	0. 0894	2007 – 04 – 30	0. 2178	2008 – 12 – 31	– 0. 0181
2005 – 09 – 30	– 0. 0019	2007 – 05 – 31	0. 0784	2009 – 01 – 23	0. 0959
2005 – 10 – 31	– 0. 0538	2007 – 06 – 29	– 0. 0733	2009 – 02 – 27	0. 0531

续表

日期	$(r_M - r_f)^{sum}$	日期	$(r_M - r_f)^{sum}$	日期	$(r_M - r_f)^{sum}$
2005 – 11 – 30	0.0029	2007 – 07 – 31	0.1749	2009 – 03 – 31	0.1503
2005 – 12 – 30	0.0579	2007 – 08 – 31	0.1638	2009 – 04 – 30	0.0472
2006 – 01 – 25	0.0896	2007 – 09 – 28	0.0595	2009 – 05 – 27	0.0625
2006 – 02 – 28	0.0376	2007 – 10 – 31	0.0471	2009 – 06 – 30	0.1244
2006 – 03 – 31	0.0066	2007 – 11 – 30	– 0.1575	2009 – 07 – 31	0.1557
2006 – 04 – 28	0.1221	2007 – 12 – 28	0.093	2009 – 08 – 31	– 0.214
2006 – 05 – 31	0.1825	2008 – 01 – 31	– 0.1582	2009 – 09 – 30	0.0445
2006 – 06 – 30	0.0333	2008 – 02 – 29	0.0001	2009 – 10 – 30	0.0843
2006 – 07 – 31	– 0.0608	2008 – 03 – 31	– 0.2062	2009 – 11 – 30	0.077
2006 – 08 – 31	0.0265	2008 – 04 – 30	0.0489	2009 – 12 – 31	0.0239

数据来源：根据锐思金融研究数据库提供数据整理

2. 市值因子 SMB

要计算市值因子，首先要取得 SMB 因子的数据序列。具体序列生成方法为：

（1）先按照股票市值的大小，将所有股票分成 5 类[①]，从小到大分别标记为 X^1、X^2、X^3、X^4、X^5。

（2）再按账面市值比[②]将所有股票分成 5 类[③]，从小到大分别标记为 Y^1、Y^2、Y^3、Y^4、Y^5，分类标准按 20% 一级分成 5 级。

[①]　法玛和弗兰奇的方法是分成 2 类，市值大的为 B 类，市值小的为 S 类。

[②]　账面市值比的定义为：股票账面净资产除以股票总市值，标记为 BE/ME。

[③]　法玛和弗兰奇的方法是分成 3 类，高的为 H 类，中的为 M 类，最低的为 L 类。

（3）按市值分类与账面市值比分类进行交叉，得到 25 个分类组，标记为 X^a/Y^b（$a=1$，2，3，4，5；$b=1$，2，3，4，5），每个小组根据股票市值形成一个资产组合，仍然标记为 X^a/Y^b 的形式。

（4）该组合每年 6 月末更新一次，表 5.9 给出了 25 组资产组合的月平均回报率、标准差、t 统计量。数据来自锐思金融研究数据库，采用 2005—2009 年月度总市值加权收益率分组数据。

表 5.9　　市值与账面市值比交叉分类的资产组合的平均
回报率及其统计特征

组别	X^1/Y^1	X^1/Y^2	X^1/Y^3	X^1/Y^4	X^1/Y^5
mean（%）	4.2343	4.0582	4.1932	4.5953	4.3947
std.	0.141759	0.131616	0.135982	0.141686	0.140053
Skewness	− 0.044685	− 0.005598	0.057208	0.098565	− 0.111779
Kurtosis	2.694407	1.681688	2.842410	2.811177	2.801907
mean（%）	3.8158	4.1965	3.5823	4.0402	4.0600
std.	0.141674	0.138052	0.132363	0.140074	0.137559
Skewness	0.031107	0.066622	− 0.032723	0.064476	− 0.110384
Kurtosis	3.013190	3.339739	2.858938	2.978168	2.966271
组别	X^3/Y^1	X^3/Y^2	X^3/Y^3	X^3/Y^4	X^3/Y^5
mean（%）	2.9573	3.3557	3.9330	3.7638	3.9523
std.	0.125743	0.127719	0.133408	0.137374	0.133265
Skewness	− 0.192562	− 0.342490	− 0.180719	− 0.042867	− 0.182963
Kurtosis	2.975448	2.776316	2.909108	2.959652	3.048528
组别	X^4/Y^1	X^4/Y^2	X^4/Y^3	X^4/Y^4	X^4/Y^5
mean（%）	2.7905	3.0623	3.3602	3.6783	3.7972

续表

组别	X^1/Y^1	X^1/Y^2	X^1/Y^3	X^1/Y^4	X^1/Y^5
std.	0.119624	0.123103	0.128049	0.131291	0.134081
Skewness	-0.309517	-0.428366	-0.283380	-0.086526	-0.040717
Kurtosis	3.286403	2.882954	2.817712	3.383131	3.283864
组别	X^5/Y^1	X^5/Y^2	X^5/Y^3	X^5/Y^4	X^5/Y^5
mean (%)	2.5693	2.9012	2.6530	3.2015	2.9033
std.	0.108532	0.121327	0.122853	0.127375	0.121420
Skewness	-0.583970	-0.754770	-0.580540	-0.409496	-0.385114
Kurtosis	3.198784	3.534519	3.388068	3.103310	3.388556

从统计结果看，在规模类似条件下，投资组合的收益率随账面市值比由低到高，变化不明显，也就是说，账面市值比对股票收益率的影响不明显；而在账面市值比类似条件下，小市值公司投资组合的平均收益率要高于大市值公司。

（5）计算市值因子。调整后的计算公式为：

$$SMB = \frac{\sum_{i=1}^{5} X^1 Y^i}{5} - \frac{\sum_{i=1}^{5} X^5 Y^i}{5} \qquad (5.49)$$

可得调整后的 SMB 序列。

3. 计算账面市值比因子 HML

账面市值比因子 HML 序列与 SMB 的计算方法相同，HML 的计算公式为：

$$HML = \frac{\sum_{i=1}^{5} X^i Y^5}{5} - \frac{\sum_{i=1}^{5} X^i Y^1}{5} \qquad (5.50)$$

根据上述计算，可得到流通市值加权的三因子时间序列和总市值加权的三因子时间序列，见表5.10。

表 5.10 三因子模型时间序列

Date	流通市值加权三因子时间序列			总市值加权三因子时间序列		
	$r_M - r_f$	SMB	HML	$r_M - r_f$	SMB	HML
2005 - 01 - 31	- 0.0608	- 0.0133	0.0029	- 0.0627	- 0.0143	- 0.0013
2005 - 02 - 28	0.0938	0.0087	0.0041	0.0942	0.0089	- 0.0004
2005 - 03 - 31	- 0.1075	- 0.0242	0.0194	- 0.0984	- 0.0382	- 0.0042
2005 - 04 - 29	- 0.0318	- 0.0549	0.0385	- 0.0276	- 0.0672	0.0212
2005 - 05 - 31	- 0.0704	0.0373	- 0.0162	- 0.0803	0.0474	0.0031
2005 - 06 - 30	0.0124	- 0.0124	0.0302	0.0204	- 0.0209	- 0.0012
2005 - 07 - 29	- 0.0187	- 0.0799	0.0200	- 0.0033	- 0.0973	0.0326
2005 - 08 - 31	0.0892	0.1049	- 0.0120	0.0894	0.0969	- 0.0272
2005 - 09 - 30	0.0038	0.0225	- 0.0075	- 0.0019	0.0250	- 0.0228
2005 - 10 - 31	- 0.0519	- 0.0127	- 0.0131	- 0.0538	- 0.0130	- 0.0038
2005 - 11 - 30	- 0.0026	0.0295	0.0147	0.0029	0.0217	0.0177
2005 - 12 - 30	0.0492	- 0.0497	0.0137	0.0579	- 0.0575	0.0286
2006 - 01 - 25	0.0946	- 0.0040	0.0009	0.0896	0.0030	0.0114
2006 - 02 - 28	0.0331	- 0.0029	0.0001	0.0376	- 0.0030	0.0186
2006 - 03 - 31	0.0159	- 0.0164	- 0.0077	0.0066	- 0.0029	- 0.0012
2006 - 04 - 28	0.1155	- 0.0309	0.0095	0.1221	- 0.0390	0.0192
2006 - 05 - 31	0.2028	0.0827	- 0.0190	0.1825	0.1201	- 0.0515
2006 - 06 - 30	0.0420	0.0290	- 0.0160	0.0333	0.0478	- 0.0053
2006 - 07 - 31	- 0.0571	0.0453	- 0.0035	- 0.0608	0.0509	- 0.0062
2006 - 08 - 31	0.0353	- 0.0023	- 0.0142	0.0265	- 0.0037	- 0.0038
2006 - 09 - 29	0.0478	0.0360	- 0.0093	0.0524	0.0160	- 0.0139
2006 - 10 - 31	0.0216	- 0.0308	0.0250	0.0370	- 0.0555	0.0162
2006 - 11 - 30	0.1209	- 0.1192	0.0001	0.1350	- 0.1343	0.0095
2006 - 12 - 29	0.1428	- 0.0947	0.0070	0.2377	- 0.1061	0.0201
2007 - 01 - 31	0.1921	0.0597	0.0053	0.0873	0.0731	- 0.0157

Date	流通市值加权三因子时间序列			总市值加权三因子时间序列		
	$r_M - r_f$	SMB	HML	$r_M - r_f$	SMB	HML
2007 - 02 - 28	0.1038	0.0841	0.0530	0.0522	0.1281	0.0792
2007 - 03 - 30	0.1243	0.0956	0.0119	0.1123	0.1077	0.0162
2007 - 04 - 30	0.2957	0.0288	0.0574	0.2178	0.0824	0.0645
2007 - 05 - 31	0.1003	- 0.0367	- 0.0184	0.0784	- 0.0414	0.0075
2007 - 06 - 29	- 0.0863	- 0.0963	- 0.0886	- 0.0733	- 0.1094	- 0.0729
2007 - 07 - 31	0.1938	0.0717	0.0256	0.1749	0.0810	0.0517
2007 - 08 - 31	0.1577	- 0.0288	0.0141	0.1638	- 0.0293	0.0033
2007 - 09 - 28	0.0470	- 0.0106	0.0484	0.0595	- 0.0465	0.0455
2007 - 10 - 31	- 0.0196	- 0.0649	- 0.0326	0.0471	- 0.1003	- 0.0512
2007 - 11 - 30	- 0.1472	0.0948	0.0226	- 0.1575	0.1035	0.0213
2007 - 12 - 28	0.1468	0.0229	0.0003	0.0930	0.0233	- 0.0125
2008 - 01 - 31	- 0.1145	0.0405	- 0.0302	- 0.1582	0.0565	- 0.0104
2008 - 02 - 29	0.0325	0.0692	0.0365	0.0001	0.0811	0.0370
2008 - 03 - 31	- 0.1953	0.0277	- 0.0347	- 0.2062	0.0357	- 0.0045
2008 - 04 - 30	0.0252	- 0.0684	0.0058	0.0489	- 0.0576	- 0.0027
2008 - 05 - 30	- 0.0790	0.0367	0.0254	- 0.0692	0.0284	0.0215
2008 - 06 - 30	- 0.2310	- 0.0156	- 0.0257	- 0.2105	- 0.0103	- 0.0298
2008 - 07 - 31	0.0289	0.0761	- 0.0031	0.0190	0.0788	- 0.0081
2008 - 08 - 29	- 0.1774	- 0.0129	0.0207	- 0.1549	- 0.0207	0.0261
2008 - 09 - 26	- 0.0694	- 0.0678	0.0513	- 0.0495	- 0.0801	0.0425
2008 - 10 - 31	- 0.2676	0.0189	- 0.0031	- 0.2532	0.0208	0.0226
2008 - 11 - 28	0.1304	0.0468	0.0037	0.0949	0.0512	0.0019
2008 - 12 - 31	0.0131	0.0574	- 0.0554	- 0.0181	0.0747	- 0.0576
2009 - 01 - 23	0.1330	0.0332	0.0083	0.0959	0.0430	- 0.0003
2009 - 02 - 27	0.0576	0.0384	- 0.0140	0.0531	0.0345	- 0.0020

续表

Date	流通市值加权三因子时间序列			总市值加权三因子时间序列		
	$r_M - r_f$	SMB	HML	$r_M - r_f$	SMB	HML
2009 – 03 – 31	0.1858	0.038	– 0.0197	0.1503	0.0531	– 0.0328
2009 – 04 – 30	0.0501	0.0152	0.0174	0.0472	0.0096	0.0290
2009 – 05 – 27	0.0536	0.0361	– 0.0074	0.0625	0.0378	– 0.0058
2009 – 06 – 30	0.1151	– 0.0249	– 0.0206	0.1244	– 0.0231	– 0.0101
2009 – 07 – 31	0.1704	– 0.0404	0.0743	0.1557	– 0.0431	0.0820
2009 – 08 – 31	– 0.2142	0.0410	– 0.0556	– 0.2140	0.0562	– 0.0676
2009 – 09 – 30	0.0507	– 0.0061	– 0.0276	0.0445	– 0.0116	– 0.0103
2009 – 10 – 30	0.0947	0.0256	0.0091	0.0843	0.0371	0.0161
2009 – 11 – 30	0.0917	0.0456	0.0053	0.0770	0.0560	0.0153
2009 – 12 – 31	0.0216	0.0235	0.0191	0.0239	0.0223	0.0169

4. 市场溢酬因子 $r_M - r_f$、市值因子 SMB、账面市值比因子 HML 序列的统计特征

市场风险溢酬因子 $r_M - r_f$、市值因子 SMB、账面市值比因子 HML 三者的协方差、相关系数见表5.11。

表 5.11(a)　　流通市值加权三因子相关系数矩阵

	$r_M - r_f$	SMB	HML
$r_M - r_f$	1.000000	0.096642	0.298224
SMB	0.096642	1.000000	– 0.006042
HML	0.298224	– 0.006042	1.000000

表 5.11(b)　　总市值加权三因子相关系数矩阵

	$r_M - r_f$	SMB	HML
$r_M - r_f$	1.000000	– 0.018602	0.226351

续表

	$r_M - r_f$	SMB	HML
SMB	− 0.018602	1.000000	− 0.021984
HML	0.226351	− 0.021984	1.000000

从统计结果看，不论是总市值加权还是流通市值加权的市场风险溢酬因子 $r_M - r_f$、市值因子 SMB、账面市值比因子 HML 之间的相关系数较小，序列之间的相关性较弱。

从表 5.12 对三因子的统计特征的计算可以看出，流通市值加权的市场风险溢酬因子 $r_M - r_f$、市值因子 SMB、账面市值比因子 HML 的三阶矩（偏度）分别为 − 0.486207、− 0.355635、− 0.253666，总市值加权的市场风险溢酬因子 $r_M - r_f$、市值因子 SMB、账面市值比因子 HML 的三阶矩（偏度）分别为 − 0.622445、− 0.272119、− 0.072803，近似等于 0；同时，流通市值加权的市场风险溢酬因子 $r_M - r_f$、市值因子 SMB、账面市值比因子 HML 的四阶矩（峰度）分别为 3.127833、2.687400、4.229443，总市值加权的市场风险溢酬因子 $r_M - r_f$、市值因子 SMB、账面市值比因子 HML 的四阶矩（峰度）分别为 3.140135、2.520346、3.870984，其峰度均接近于 3，由此可近似认为中国股票市场三因子服从正态分布，这样处理过的市场收益率数据很好地摆脱了资本市场收益率厚尾分布的统计特征。

表 5.12　　　　　　　　　　三因子统计特征

统计值	流通市值加权三因子统计特征			总市值加权三因子统计特征		
	$r_M - r_f$	SMB	HML	$r_M - r_f$	SMB	HML
mean	0.028905	0.008362	0.002440	0.023995	0.009788	0.004353

续表

统计值	流通市值加权三因子统计特征			总市值加权三因子统计特征		
	$r_M - r_f$	SMB	HML	$r_M - r_f$	SMB	HML
std.	0.115461	0.050876	0.028250	0.108265	0.061046	0.030564
Skewness	-0.486207	-0.355635	-0.253666	-0.622445	-0.272119	-0.072803
Kurtosis	3.127833	2.687400	4.229443	3.140135	2.520346	3.870984

由表5.13（a）、表5.13（b）可以看出，三因子之间的协方差非常小，三因子之间的相关关系并不密切，因此在估计三因子模型参数时可以忽略三者之间的相关性。

表5.13(a)　流通市值加权三因子协方差矩阵

	$r_M - r_f$	SMB	HML
$r_M - r_f$	0.013109	0.000558	0.000957
SMB	0.000558	0.002545	-8.54E-06
HML	0.000957	-8.54E-06	0.000785

表5.13(b)　总市值加权三因子协方差矩阵

	$r_M - r_f$	SMB	HML
$r_M - r_f$	0.011526	-0.000121	0.000736
SMB	-0.000121	0.003665	0.000004
HML	0.000736	0.000004	0.000919

（三）估计资产组合的回报率

按照式（5.43）对25种资产组合的超额回报率进行估计，估计的回归方程为：

$$r_{pt} - r_f = \alpha_p + \beta_p(r_{Mt} - r_f) + s_p(SMB_t) + h_p(HML_t) + \varepsilon_{pt}$$

$$(5.51)$$

如果三因子模型能够完全解释回报率的变化，则常数项 α_p 为 0；否则，如果 α_p 为正数，就说明还有其他因子影响组合回报率。

取某股票型开放式基金 2005 年 1 月到 2009 年 12 月的月收益率数据（见表 5.14）。根据式（5.50），代入 Eviews 5.0 计算，按照分组数据，采用流通市值加权月收益率数据，估计结果见表 5.15。

从模型参数估计的结果来看，$X^2 Y^4$ 分组的 α_p 等于 -0.000007，可近似看作 0，$Prob(\alpha_p)$ 等于 0.9822，因此采用 $X^2 Y^4$ 分组模拟的效果最好，因此估计的模型公式为：

$$r_{pt} - r_f = 0.866802(r_{Mt} - r_f) - 1.401879(SMB_t) -$$
$$0.095072(HML_t) + \varepsilon_{pt}$$

$$(5.52)$$

预测时，将无风险利率 r_f、市场风险溢酬因子 $r_M - r_f$、市值因子 SMB、账面市值比因子 HML 分别代入，可得到投资收益率 r_{pt} 的估计值。

表 5.14　某股票型开放式基金 2005 年 1 月至 2009 年 12 月
收益率数据

日期	投资收益率 r_{pt}	日期	投资收益率 r_{pt}	日期	投资收益率 r_{pt}
2005 - 01 - 31	-0.019960	2006 - 09 - 29	0.032021	2008 - 05 - 30	-0.041480
2005 - 02 - 28	0.060887	2006 - 10 - 31	-0.158060	2008 - 06 - 30	-0.200130
2005 - 03 - 31	-0.029080	2006 - 11 - 30	0.158281	2008 - 07 - 31	0.029694
2005 - 04 - 29	0.042237	2006 - 12 - 29	0.181255	2008 - 08 - 29	-0.168800

续表

日期	投资收益率 r_{pt}	日期	投资收益率 r_{pt}	日期	投资收益率 r_{pt}
2005 - 05 - 31	- 0. 086510	2007 - 01 - 31	0. 129129	2008 - 09 - 26	- 0. 051520
2005 - 06 - 30	0. 043104	2007 - 02 - 28	0. 061480	2008 - 10 - 31	- 0. 251690
2005 - 07 - 29	0. 035089	2007 - 03 - 30	0. 049174	2008 - 11 - 28	0. 154471
2005 - 08 - 31	0. 018455	2007 - 04 - 30	0. 292727	2008 - 12 - 31	- 0. 000190
2005 - 09 - 30	0. 025751	2007 - 05 - 31	0. 083901	2009 - 01 - 23	0. 080284
2005 - 10 - 31	- 0. 015060	2007 - 06 - 29	- 0. 011170	2009 - 02 - 27	0. 050571
2005 - 11 - 30	- 0. 033320	2007 - 07 - 31	0. 180478	2009 - 03 - 31	0. 084888
2005 - 12 - 30	0. 058203	2007 - 08 - 31	0. 149189	2009 - 04 - 30	0. 038707
2006 - 01 - 25	0. 115633	2007 - 09 - 28	0. 053215	2009 - 05 - 27	0. 045818
2006 - 02 - 28	0. 019108	2007 - 10 - 31	0. 019292	2009 - 06 - 30	0. 118711
2006 - 03 - 31	0. 099270	2007 - 11 - 30	- 0. 171800	2009 - 07 - 31	0. 156392
2006 - 04 - 28	0. 213542	2007 - 12 - 28	0. 169501	2009 - 08 - 31	- 0. 153280
2006 - 05 - 31	0. 161546	2008 - 01 - 31	- 0. 381720	2009 - 09 - 30	0. 063575
2006 - 06 - 30	0. 055474	2008 - 02 - 29	0. 040144	2009 - 10 - 30	0. 035266
2006 - 07 - 31	- 0. 068790	2008 - 03 - 31	- 0. 203330	2009 - 11 - 30	0. 064639
2006 - 08 - 31	0. 043596	2008 - 04 - 30	- 0. 00798	2009 - 12 - 31	0. 052706

数据来源：Wind 数据库

表 5.15　　流通市值加权三因子模型参数估计结果与
统计特征参数

分类	三因子模型参数估计				统计特征		
组别	α_p	β_p	s_p	h_p	R^2	$Prob(\alpha_p)$	$F - statistics$
X^1Y^1	- 0. 001149	0. 856357	- 1. 495147	0. 042020	0. 758101	0. 8855	58. 50061
X^1Y^2	- 0. 001156	0. 937285	- 1. 529237	0. 014166	0. 768759	0. 8822	62. 05720
X^1Y^3	- 0. 001665	0. 892646	- 1. 484696	- 0. 001232	0. 753550	0. 8363	57. 07557

分类	三因子模型参数估计				统计特征		
组别	α_p	β_p	s_p	h_p	R^2	$Prob(\alpha_p)$	$F-statistics$
X^1Y^4	- 0. 004257	0. 866578	- 1. 482887	- 0. 112497	0. 761175	0. 5929	59. 49393
X^1Y^5	- 0. 003777	0. 827117	- 1. 197761	- 0. 145878	0. 757673	0. 6374	58. 36414
X^2Y^1	0. 000754	0. 789051	- 1. 222328	0. 365699	0. 745679	0. 9265	54. 73135
X^2Y^2	- 0. 002905	0. 853682	- 1. 229864	0. 012143	0. 796557	0. 6919	73. 08699
X^2Y^3	0. 002194	0. 896712	- 1. 316920	0. 045988	0. 785353	0. 7699	68. 29796
X^2Y^4	- 0. 000007	0. 866802	- 1. 401879	- 0. 095072	0. 776378	0. 9822	64. 80748
X^2Y^5	- 0. 000577	0. 894001	- 1. 358378	- 0. 405657	0. 772668	0. 9405	63. 44541
X^3Y^1	0. 005979	0. 843368	- 1. 140786	0. 452270	0. 694870	0. 5041	42. 50946
X^3Y^2	0. 002316	0. 886839	- 1. 106423	0. 173033	0. 786377	0. 7570	68. 71480
X^3Y^3	- 0. 001439	0. 884530	- 1. 160145	- 1. 181654	0. 797075	0. 8439	73. 32149
X^3Y^4	0. 001157	0. 858212	- 1. 214299	- 0. 229815	0. 771134	0. 8813	62. 89477
X^3Y^5	- 0. 001966	0. 898894	- 1. 105351	- 0. 353584	0. 816895	0. 7772	83. 27864
X^4Y^1	0. 004664	0. 887734	- 0. 844691	0. 363790	0. 768722	0. 5494	62. 04445
X^4Y^2	0. 002995	0. 869349	- 0. 894894	0. 330013	0. 766730	0. 7018	61. 35515
X^4Y^3	0. 001272	0. 876229	- 0. 867984	- 0. 162783	0. 789512	0. 8611	70. 01595
X^4Y^4	- 0. 000679	0. 831272	- 0. 900677	- 0. 038435	0. 752962	0. 9329	56. 89540
X^4Y^5	- 0. 001613	0. 859696	- 0. 902194	- 0. 293615	0. 809726	0. 8197	79. 43731
X^5Y^1	- 0. 000582	0. 946546	- 0. 149384	0. 738154	0. 807737	0. 9348	78. 42276
X^5Y^2	- 0. 000702	0. 858217	- 0. 183788	0. 034698	0. 773259	0. 9276	63. 65927
X^5Y^3	0. 001271	0. 802092	- 0. 108251	0. 048014	0. 687477	0. 8884	41. 06229
X^5Y^4	- 0. 002254	0. 869238	- 0. 166175	- 0. 511368	0. 780494	0. 7671	66. 37289
X^5Y^5	0. 000629	0. 871865	- 0. 156670	- 0. 675804	0. 673117	0. 9459	38. 43834

第四节　本章小结

本章与第六章的任务是设计动态资产负债管理体系的情景发生器。本章根据第四章的风险分析，对保险公司外部环境风险中的关键风险——利率风险、通胀风险和资产收益率风险进行了模拟。利率风险是资产负债管理的基础风险，本章在比较相关利率模型的基础上，结合我国利率实证研究的结果，选取瓦西塞克模型作为模拟路径，选取我国银行间同业拆借利率（CHIBOR）作为瞬时利率样本数据，估计了瞬时利率模型参数，并将估计参数代入模型中，得到长期利率模拟路径；通胀发生器的设计主要采用向量自回归（Vector Autoregressive，VAR）方法，采用 1997 年 1 月到 2009 年 11 月的通货膨胀数据，遵照赤池信息量准则（Akaike Information Criterion，AIC）与施瓦兹准则（Schwartz Criterion，SC），选取 3 阶滞后建立向量自回归模型，并估计了模型参数，通过通胀模型模拟值与实际数据值之间的比照，证明通胀模型的拟合效果较为理想；市场收益率模拟，主要是针对权益型资产而言，本书采用法玛和弗兰奇（1992）提出的三因子模型，采用 2005 年 1 月至 2009 年 12 月中国 A 股市场共计 60 个月度收益率数据作为数据来源，计算了我国股票市场的风险溢酬因子 $r_M - r_f$、市值因子 SMB、账面市值比因子 HML，通过实证研究确定了模型参数，并选取某股票型开放式基金的月收益率数据对投资收益率进行了估计。

第六章　情景发生器Ⅱ：保险公司内部环境风险模拟

　　保险公司的内部环境风险主要包括资产价值波动风险、巨灾风险、承保风险（包括非巨灾损失风险和承保周期波动风险）、再保风险。其中资产价值波动风险与利率风险、通胀风险、市场收益率风险相关，这在第五章已经详细讨论过，本章就不再探讨。而巨灾损失风险与承保风险中的非巨灾损失风险可以合并为损失发生器，将承保风险中的承保周期波动风险单独讨论。

第一节　损失发生器

　　损失发生器主要是针对财产保险公司而设计的，财产保险公司的保险标的分散，风险种类繁多，并且损失原因复杂，损失分布很难确定。在保险业保费厘定、赔款准备金确认过程中运用数学方法，特别是结合数学、统计学、保险学、金融学的模型方法成为近年来保险精算师确定赔款准备金的工具。对于财产保险公司而言，财产保险损失分布可以分为巨灾损失与非巨灾损失。

一　非巨灾损失发生器

对于财产保险公司而言，由于所经营的业务线种类繁多，不同的业务线有不同的损失分布，因此应根据不同业务线的非巨灾损失经验数据分别模拟。有以下三种思路：

一是对保单业务线历年理赔资料中的单位保单损失幅度与保单实际理赔数额进行时间序列分析；

二是对签单数、单位保单损失频度与单位保单的损失幅度三个因素进行多因素时间序列分析；

三是考虑保单年龄现象（Insurance Aging Phenomenon）（保单年龄现象是非寿险特有的现象，随着保单签约年限的增长，保单损失频率与损失幅度有下降趋势）的前提下，对保单损失频率（Loss Frequency）与损失程度（Loss Severity）进行模拟。

由于第一、第二种思路不能满足模型动态性要求，本书拟采用第三种思路。

（一）损失频率模拟

对于损失频率（Loss Frequency）的随机波动，有很多分布可以拟合，比较常见的有二项分布、泊松分布、负二项分布、超几何分布等。考夫曼（Kaufmann，2001）提出采用负二项分布模拟损失频率，考虑负二项分布是一种离散型分布，且其极限为泊松分布的特殊情形，本书采用负二项分布拟合保单损失频率。

负二项分布又称帕斯卡分布，它表示已知一个事件在伯努利试验中每次出现的概率是 p，在一连串伯努利试验中，一个事件刚好在第 $r+k$ 次试验出现第 r 次的概率。

对于保险公司而言，不同产品线具有不同的损失赔付特征,因此需要分别建模。假设某保险公司有 N 条产品线,将第 n 种产品第 t 年的损失频率记为 LF_t^n,则所有产品线最终损失记为:

$$LF \sim {}_T^N = \sum_{n=1}^{N} \sum_{t=1}^{T} LF_t^n \qquad (6.1)$$

其中:

$$LF_t^n \sim NB(a, p) \qquad (LF_1^n, LF_2^n, \cdots, LF_t \text{相互独立})$$

a、p 是负二项分布的参数。

$$\mu_t^n(LF) = E(LF_t^n) = \frac{a(1-p)}{p} \qquad (6.2)$$

$$\sigma_t^{2n}(LF) = var(LF_t^n) = \frac{a(1-p)}{p} \qquad (6.3)$$

这里要注意的是,由于负二项分布对损失函数模拟的前提是 $var(LF_t^n) \geqslant mean(LF_t^n)$,如果统计数据不能满足此条件,应改用其他分布。

(二)损失程度模拟

损失程度(Loss Severity)模拟通常采用对数正态分布、伽马分布、帕累托分布加以处理,而财产保险公司产品线的损失通常具有"损失程度低、发生频率高"的特点,与伽马分布右截尾呈指数下降的特征相吻合。因此,本书采用伽马分布对非巨灾损失幅度进行模拟。

定义 LS_t^n 为第 n 条产品线在 t 时间的损失程度,则:

$$LS_t^n = Gamma(\alpha, \theta) \qquad (6.4)$$

$$\mu_t^n(LS) = E(LS_t^n) = \alpha\theta \qquad (6.5)$$

$$\sigma_t^{2n}(LS) = var(LS_t^n) = \alpha\theta^2 \qquad (6.6)$$

其中,μ_t^n 为非巨灾损失程度均值,σ_t^n 为非巨灾损失程度标准差。

（三）保单年龄现象

财产保险保单随着保单签约后续约年限的增长，其损失频率与损失程度都有下降趋势，这种现象被称为"保单年龄现象"。本书采用达西（D'Arcy，1989）和杜尔特（Doherty，1989）使用的方法，将保单按持续时间长短进行分类，在此基础上讨论其损失频率与损失幅度。

考虑某一产品线保单的收益与成本之间的关系为：

$$F = P - E - L \tag{6.7}$$

其中：F 为保单净收益；P 为保单的账面收益，即保单的账面价值减去理赔损失；L 为因通胀等因素所发生的产品线减值调整费用（Loss Adjustment Expenses，LAE）；E 为除减值调整费用之外的签单费用。

第一期签约保单净收益为：

$$F_1 = P_1 - E_1 - L_1 \tag{6.8}$$

假设保单到期后，其续约率为 α（$0 < \alpha < 1$），无风险收益率为 i，则第二期保单净收益的现值为：

$$F_2^{pv} = \alpha_1 (P_2 - E_2 - L_2)/(1 + i) \tag{6.9}$$

以此类推，多期保单净收益的总现值为：

$$F^{PV} = \sum_{t=1}^{\infty} \frac{\alpha^{t-1}(P_t - E_t - L_t)}{(1 + i)^{t-1}} \tag{6.10}$$

二　巨灾损失发生器

巨灾是指对人民生命财产造成特别巨大的破坏损失，对区域或国家经济社会产生严重影响的自然灾害事件。这里的自然灾害主要包括地震与海啸、特大洪水、特大风暴潮。据全球再保巨头瑞士再保险公司 2009 年发布的研究报告称，初步估计，2009 年全球自然灾害与人为灾难造成的巨灾损失总额为 520

亿美元，其中保险公司承担的损失额为 240 亿美元。保险业巨
灾事件概率分布符合极值理论，极值事件发生的概率虽然很
低，但是一旦发生，造成的危害却非常严重，往往超过单个保
险公司的承受能力。因此，如何准确刻画巨灾极值事件是财产
保险公司进行再保策略制定的前提条件。

（一）极值理论简介

早在 20 世纪 20 年代末，多德（Dodd，1923）研究了非
正态分布的极大值问题[1]，弗雷歇（Frechet，1927）研究了极
大值的渐进分布[2]。一年以后，费雪和蒂皮特（Fisher and Tip-
pett，1928）公开发表了被公认为是奠定了研究极值分布渐近
理论基石的论文，他们对独立同分布概率变量的最大值（极
值统计量）的渐近分布（极值分布）进行了理论研究，发现
了包括弗雷歇极限分布在内的三大类极限分布类型[3]：威布尔
分布（Weibull Distribution，逆正态函数分布，常用于拟合机
器及系统的寿命分布）、康拜尔分布（Gumbel Distribution，双
重指分布，遵从于同一分布的 n 个独立连续概率变量中最大值
x 的极限分布）及弗雷歇分布（Frechet Distribution，连续变量
在某点收敛的分布），如图 6.1 所示。

弗雷歇分布：　$\Phi_\alpha(x) = \begin{cases} 0 & x \leqslant 0 \\ e^{-x^{-\alpha}} & x > 0 \end{cases}$　$\alpha > 0$

① Dodd E L. The greatest and least variate under general laws of error [J]. Trans. Amer. Math. Soc.，1923，25（4）：525 – 539.

② Frechet M. Sur la loi de probalilite de l'ecart maximum [J]. Ann. Soc. Polonaise Math. Cracow，1927（6）：93.

③ Fisher R A，Tippett L H C. Limiting forms of the frequency distributions of the largest or smallest member of a sample [J]. Proc. Camb. Phil. Soc.，1928（24）：180 – 190.

威布尔分布：　$\psi_{\alpha}(x) = \begin{cases} e^{-(-x)^{\alpha}} & x \leqslant 0 \\ 1 & x > 0 \end{cases}$　$\alpha > 0$

康拜尔分布：　$\Lambda(x) = e^{-e^{-x}}$　$x \in R$

我们通常见到的很多分布函数都可以根据它们尾部的状况划分到上面的三种极值分布中去，例如学生分布、帕累托分布、伽马分布、柯西分布（Cauchy Distribution）根据尾部特征可以划分到弗雷歇分布中去；均匀分布和贝塔分布（Beta Distribution）的尾部分布可以收敛到逆正态函数分布；正态分布、伽马分布和对数正态分布的尾部分布都收敛到双重指分布。

同时观察到，属于正态分布的极值统计量向极值分布的收敛相当缓慢。这三类分布可以描述所有统计分布的极限分布情形；除此之外，后人还给出了基于高斯分布样本极大值的渐近分布，解决了前人在此问题上面临的困境。但实际上，以高斯

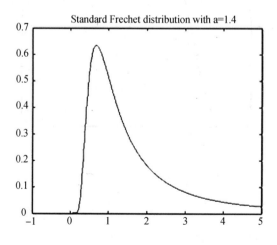

图6.1（a）　　弗雷歇分布

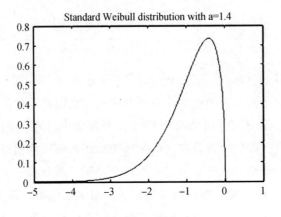

图 6.1 (b)　威布尔分布

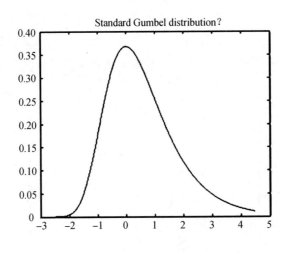

图 6.1 (c)　康拜尔分布

分布作为极值理论的出发点阻碍了这一理论的发展，因为没有任何一个基本的极值理论是简单地从高斯分布出发的。

　　在此之后的 20 世纪三四十年代，人们探讨极值理论基本上基于费雪与蒂皮特的三大类分布，如冯·米赛斯（Von Mises，1936）给出了分布函数向三种分布函数极值分布弱收敛的充分条件[1]，我们常见的连续型分布几乎都可以找到极值分布的弱收敛函数。几年以后，格涅坚科（Gnedenko，1943）给出了极值理论的严格证明以及极值弱收敛的充分必要条件[2]。这一时期是极值理论的理论探索阶段。

康拜尔（1941）第一次将极值理论应用于保险实践，研究了老年人最大生存期问题[3]。后来，他将研究兴趣集中在洪水统计分布方面，证明极值理论可以很好地解释洪水的概率分布[4]。

1958年康拜尔出版了《极值统计学》（*Statistics of Extremes*）[5]，康拜尔的著作主要归纳了极值概率模型的相关应用成果，系统归纳了一维极值理论，主要研究变量极大（极小）值的分布：极值理论的优势在于尾部的分布函数与参数可以从极端值超过某一门限值的统计处理过程中被算出，这种方法专注于处理时间序列尾部数据。此后，越来越多的学者开始关注这一研究领域，不断完善该理论，极值理论有了进一步的发展。

---

① Von Mises R. La Distribution de la Plus Grande de n Valeurs [J]. Rev. Math. Union Interbalk, 1936, 1, 141 - 160. Reproduced in Selected Papers of Richard von Mises, Ⅱ (1954), 271 - 294, Amer. Math. Soc.

② Gnedenko B V. Sur la distribution limite du terme maximum d'une série aléatoire [J]. Annals of Mathematics, 1943(44): 423 - 453.

③ Gumbel E J. La Duree Extremes de la vie Humaine [J]. Actualites Scientifique et Industrielles, Hermann et Cie, 1937b.

④ Gumbel E J. The Return Period of Flood Flows [J]. the Annals of Mathematical Statistics, 1941 (12): 163 - 190.

⑤ Gumbel E J. Statistics of Extremes [M]. New York: Columbia University Press, 1958.

詹金森（Jenkinson，1955）研究了广义极值分布理论（Generalized Extreme Value Distribution Theory），完善了一维极值分布模型[1]；皮坎兹（Pickands，1975）介绍了广义帕累托分布函数（Generalized Pareto Distribution，GPD），即分布函数之所以属于一般极值分布（逆威布尔分布、康拜尔分布及弗雷歇分布），在于分布于山脚部分的数值可以用帕累托分布近似取得，从而证明了经典极限定理[2]。其后的学者常用其研究方法来估计极值分布指数（Extreme Value Distribution Index）。

极值理论可以用于许多领域，如水文观测、灾害性天气预报、地震、交通阻塞预防、工程设计项目的抗灾害设计等等，而用于金融特别是保险领域是在 20 世纪 90 年代。尽管法玛通过实证研究发现金融商品的收益分布为非正态分布[3]，其实证研究具有很强的说服力，但直到 20 世纪 90 年代初，极值理论才被金融领域逐步接受，特别是近年来层出不穷的极端金融事件为极值理论的市场应用提供了广阔的应用平台。如洛金（Login，1999）考察了美国 1980—1999 年的股票市场，采用极值理论建立市场回报极端变动模型。除此之外，荣多和罗肯尔（Jondeau and Rockinger，1999），鲁特津和克鲁普伯格（Rootzen and Kluppelberg，1999），奈夫特斯（Neftci，2000），吉勒和克莱兹（Gilli and Kellezi，2003），克里斯托弗森和贡萨尔维斯（Christoffersen and Goncalves，2004）也分别采用了

① Jenkinson A F. The frequency distribution of the annual maximum（or minimum）values of meteorological elements ［J］. Quarterly Journal of the Royal Meteorological Society，1955（81）：145–158.

② Pickands J. Statistical inference using extreme order statistics ［J］. Annals of Statistics，1975（3）：119–131.

③ Fama E F. The behavior of stock market prices ［J］. Journal of Business，1965（38）：34–105.

极值理论与其他模型对金融数据的尾部特征进行了比较和分析。

极值理论用于金融风险研究，总体上可以分为两部分：一个是静态极值理论；另一个是动态极值理论。

1. 静态极值理论

静态极值理论（Static Extreme Value Theory）的计算方法来源于传统静态历史模拟法（Historical Simulation）。传统静态历史模拟法主要假设资产价格的历史走势会在未来计算期间重现，因此我们可以利用资产的历史价格序列去推断未来价格的变动趋势，然后估计特定可信度水平下的风险值。

传统的静态历史模拟法通常假设资产报酬为正态分布，着重研究平稳状态下的资产回报与风险价值，而引起财务风险的往往是尾部较少发生的极端损失事件。因此，许多学者摒弃了历史模拟法的研究思路，采用极值理论来描述尾部分布的特性，并计算其风险值，这种方法可以更精确地刻画资产的风险特性。

依照资产报酬分布尾部数据样本选取方式的不同，主要有两大类：一种是超越门限值模型（Peak over Threshold Method，POT）；另一种是分块样本极大值模型（Block Maximum Method，BMM）。超越门限值模型是指利用资产报酬的历史序列找到一个门限值（Threshold），然后找出历史序列中超过门限值的观测值作为尾部分布的样本值，进一步构造尾部分布模型；分块样本极大值模型是首先将资产报酬的历史序列分为 m 个区间，然后从每一个区间中挑选一个最极端的报酬资料作为尾部分布的样本值，在此基础上构造尾部分布模型。

2. 动态极值理论

动态极值理论是处理与概率分布的中值偏离极大的情况的

理论，常用来分析概率罕见的情况，如百年一遇的地震、洪水、气候灾难、金融危机等，在风险管理和可靠性研究中时常用到。动态极值理论最基本的方法为条件广义帕累托分布（GPD）法。

此方法的原理是将时间序列模型与极值理论相结合来估计风险值，具体步骤可分为两步：首先，采用 GARCH（Generalized Auto Regressive Conditional Heteroskedasticity）模型来模拟资产回报，使其残差分布趋近于 iid（independent identically distribution），并且采用虚拟最大似然法估计条件期望值与条件变异系数，计算标准差。然后，利用时间序列资料的标准差来估计渐进尾端分布的广义帕累托分布参数，进而计算出基于极值理论的一定可信度水平下的残差值，代回由 AR（1）-GARCH（1，1）模型估计出的条件期望值及条件变异系数，即可求出资产的风险值。

极值理论可以用于估计金融资产回报分布（Profit and Loss Distribution）的尾部部分，可以用于计算风险价值和条件风险价值。

（二）巨灾风险极值的确定方法

极值分布的确定方法有两种，一种叫作组最大值方法（Block Maximum Method，BMM），或是称为康拜尔的方法（Gumbel's Approach），用以纪念康拜尔最早提出这种方法。组最大值方法要求每个组中极限分布必须是弗雷歇、逆威布尔或者康拜尔分布之一，或者是它们的统一形式——广义极值分布（Generalized Extreme – Value Distribution，GEV）。组最大值方法已经被证明可以用于实际分析，但是这种方法的缺陷是显而易见的，最主要的缺陷是该方法只利用了每个组中的最大值，由于组最大值方法中分块存在很大的主观性，因此数据集在本质上不能反映原始数据的所有信息。1987 年，史密斯（Smith）提出了峰值超越阈值方法，这种方法主要采用广义帕累托分布，对观测值中所有超过某一较大门限值的数据建模。由于广义帕累托分布有效地使用了有限的极端观测值，因此通常被认为在实践中具有实际意义。本书采用峰值超过阈值方法对巨灾风险建模。

设 X_t, $t = 1, 2, \cdots, n$ 表示超过某一充分大阈值 u 的样本观测值，分布函数为 $F(x)$，则：

$$F_u(y) = p\{Y \leqslant y \mid X > u\} = \frac{F(y + u) - F(u)}{1 - F(u)} \quad (6.11)$$

其中，$Y = X - u$，从而：

$$F(x) = [1 - F(u)]F(y) + F(u) \quad (6.12)$$

超额数的分布可以采用广义帕累托分布近似，一般定义如下：

$$G_{\xi,\sigma}(x) = 1 - \left(1 + \xi \frac{x}{\sigma}\right)^{-\frac{1}{\xi}} \quad (6.13)$$

因此，超过阈值 u 的分布可以定义为：

$$F(x) = [1 - F(x)]G_{\xi,\sigma}(x - u) + F(u)$$

$$= 1 - \frac{n_u}{n}\left(1 + \xi \frac{x - u}{\sigma}\right)^{-\frac{1}{\xi}} \quad x > u \quad (6.14)$$

ξ、σ 可以用极大似然法估计，被称为形状参数和尺度参数，极大似然函数为：

$$l(\xi, \sigma; x) = -n\ln\sigma - \left(\frac{1}{\xi} + 1\right)\sum_{i=1}^{n}\ln\left(1 + \frac{\xi}{\sigma}x_i\right) \quad (6.15)$$

在建模过程中，阈值 u 的选取是非常重要的，不合理的阈值可能造成模型拟合的重大偏差，如果阈值 u 选取得太大，则超过量太少，参数估计量的方差增大；如果阈值 u 选得太小，则会产生有偏估计。通常有两种方法确定 u ，一种是 Hill 图，定义为 $\{k, H_{k,n}{}^{-1}, 1 \leqslant k \leqslant n - 1\}$ 集合，其中：

$$H_{k,n} = \frac{1}{k} \sum_{i=1}^{k} \ln \left[\frac{X_{(i)}}{X_{(k)}} \right] \qquad (6.16)$$

阈值 u 选择图形中尾部指数稳定区域起始点横坐标 k 对应的数据 X_k 。

或者采用超额均值函数（Mean Excess Function，MEF），该函数的定义为：

$$e_n (u) = E[X - u \mid X > u] = \frac{\sum_{i=1}^{n} [X_{(i)} - u]}{n} \qquad (6.17)$$

作散点图 $\{u, e(u), u > 0\}$ ，选取充分大的 u ，使得 $X \geqslant u$ 时，$e_n(u)$ 近线性。

如果某一阈值 u 的超额均值函数是正斜率，说明数据遵循参数为正的广义帕累托分布；如果 u 的超额均值函数是水平的，说明数据遵循指数分布；如果超额均值函数是负斜率，则说明数据来自尾部较短的分布。

巨灾主要包括地震、洪水、台风、海啸等自然灾害事件，我国巨灾损失数据库还不完善，因此巨灾损失模拟一般是采用媒体公告统计数据或是模拟数据，存在的问题是统计口径不统一，巨灾损失具体数额很难做到准确与客观。由于本书重点是对动态财务分析涉及的各种风险建模，因此不再对我国巨灾风险数据进行拟合，而是作为今后模型完善的一个重要部分。

第二节   再保险策略模拟

再保险（Reinsurance）也称为分保，是保险公司转移承保风险，保证保险业务经营稳定性方式。保险公司通过科学安排再保险业务，能够有效提高公司抵抗风险的能力，保障公司经营稳定。

　　现代保险市场完善的一个重要标志就是拥有完善而强有力的再保险市场，其不仅能为保险公司提供保险，同时也规范着保险市场的风险管理技术以及产业运行规则。我国再保险行业从起步开始就一直由国家垄断经营，1996年中国人民保险公司改制为集团公司，下设财产保险、人寿保险和再保险三大子公司；1999年，中保再保险公司改组为"中国再保险公司"。2003年，经国务院同意并经中国保险监督管理委员会批准，在原中国再保险公司基础上成立了国有再保险（集团）公司。经过股份改制后的中国再保险（集团）公司发起设立了中国财产再保险股份有限公司、中国人寿再保险股份有限公司等经营再保险的公司。2007年10月，由财政部和中央汇金投资有限责任公司共同发起设立中国再保险（集团）股份有限公司。

　　2009年新修订的《中华人民共和国保险法》第九十六条规定：经国务院保险监督管理机构批准，保险公司可以经营本法第九十五条规定的保险业务的下列再保险业务：（一）分出保险；（二）分入保险；第一百零二条规定：经营财产保险业务的保险公司当年自留保险费，不得超过其实有资本金加公积金总和的4倍。第一百零三条规定：保险公司对每一危险单位，即对一次保险事故可能造成的最大损失范围所承担的责任，不得超过其实有资本金加公积金总和的10%；超过的部分应当办理再保险。第一百零五条规定：保险公司应当按照国务院保险监督管理机构的规定办理再保险，并审慎选择再保险接受人。

　　我国再保险是以法定再保险、财产再保险为主导业务的市

场，截至 2008 年，财险市场主要集中在：人保股份，占
45.7%；太平洋财险，占 11.4%；平安保险，占 10.7%；中华
联合，占 9.4%，这四家保险公司占到财险市场的 77.2%。其
他的许多保险公司的市场份额还不到 1%，所以财险市场属于
垄断竞争的局面。

加入世界贸易组织（The World Trade Organization，WTO）
后，我国的保险市场逐步开放，一些国外的再保险公司也开始
进入我国。目前，国际再保险市场上的三巨头——慕尼黑再保
险公司、瑞士再保险公司和美国通用再保险公司三家外资再保
险公司均在北京设立了分公司。

我国保险公司目前以投保法定再保险为主，但是针对我国
再保险市场的未来发展方向，随着再保公司的增多，国际化竞
争的加剧，保险公司未来可能会购买多样化的再保产品，以降
低经营过程的风险，因此本书为前瞻性考虑，研究保险公司再
保险的建模问题。在考虑再保险建模问题之前，要处理一个违
约风险问题，即再保公司的违约风险，由于目前我国的再保公
司是以国家信用做担保，进入国内经营的国外的再保公司也是
经验丰富的国际化大公司，因此本书暂不考虑再保公司违约风
险问题，而是专注于各种类型的再保业务建模。

一　再保险种类

再保险按国际惯例可分为两大类：财产险再保险（即所
谓的非寿险再保险）和人身险再保险。财产险再保险又可按不
同的分类方法分成不同的类型。按责任限制分类，财产险再保
险可分为比例再保险和非比例再保险。比例再保险又可分为成
数再保险和溢额再保险，非比例再保险又可分为超赔再保险和
超赔付率再保险。

（一）比例再保险

比例再保险（Proportional Reinsurance）又称"比例分保"，是以保险金额为计算基础安排的分保方式，是指分出人与分入人相互订立合同，按照保险金额比例分担原保险责任的一种分保方法。

在这种方法中，分出人的自留额和分保额表现为保额的一定比例。比例再保险的最大特点就是保险人和再保险人按照比例分享保费，分担责任，并按照同一比例分担赔款，同时再保险人按照比例支付手续费。

1. 成数再保险

成数再保险（Quota Share Reinsurance）是指原保险人按约定的比例，将每一风险单位的保险金额向再保险人分保的方式。按照这种再保险方式，不论分出公司承保的每一风险单位的保额多少，只要是在合同规定的限额内，都按照双方约定的固定比率进行保费分配和赔款分摊。成数再保险方式的最大特征是"按固定比率"再保险。

每一份成数再保险合同都按每一危险单位或每张保单规定一个最高责任限额，分出公司和接受公司在这个最高责任限额中各自承担一定的份额。一旦各公司承担责任的百分比率确定，则保费和赔款就按相应百分比率来计算。成数再保险的优点是合同双方利益一致，手续简便；缺点是缺乏弹性，同时难以达成风险责任的均衡化。应该指出的是，成数再保险的优点是主要的，这是成数再保险被广泛采用的重要原因。

例如，某成数再保险合同规定，每一风险单位的最高限额为 200 万元，自留 30%，分出部分为 70%。如果风险单位 A 的保险金额为 100 万元，则保险费和今后的赔款按 30% 和 70% 的比例分摊；如果风险单位 B 的保险金额为 250 万元，由

于 250 万元超过了最高限额，所以自留部分 30% 为保险金额
60 万元，成数再保险人的 70% 为 140 万元，超过合同限额的
50 万元应列入其他合同或安排临时分保，否则由分出公司自
己承担。

一般来说，成数再保险多运用于新的公司、险种和特种业
务方面，大致有八种情况：（1）新创办的保险公司；（2）新
开发的险种；（3）一般来说，汽车险、航空险等危险性较高、
赔款频繁的业务；（4）保额和业务质量比较平均的业务；
（5）各类转分保业务；（6）国际分保交往；（7）属于同一资
本系统的子公司和母公司之间，以及集团分保内部的分保；
（8）成数再保险与其他分保方式混合运用。

2. 溢额再保险

溢额再保险（Surplus Reinsurance）是指原保险人规定一
个最大保险金额（称为 1 线）作为自留额。当任何一个风险
单位的保险金额小于这一金额时，原保险人自留全部责任；当
保险金额超过这一金额时，原保险人和再保险人按照自留额和
分出保额对总保额的比例来分摊赔款。一般再保险合约中还规
定了以自留额的一定线数（如 10 线）作为再保险人的赔偿限
额。危险单位、自留额和线数是溢额再保险的三要素，危险责
任的平均化是溢额再保险的主要目的。一般而言，分出公司根
据其承保业务和年保费收入来制定自留额和决定溢额分保合同
的最高限额的线数。由于承保业务的保额增加，或是由于业务
的发展，有时需要设置不同层次的溢额，依次称为第一溢额、
第二溢额，等等。

例如，某溢额再保险合同，每一风险单位自留额为 30 万
元，溢额分保的限额计为 10 根线，即 300 万元。当风险单位
A 的保险金额为 20 万元时，原保险人自留全部责任。当风险

单位 B 的保险金额为 100 万元时，自留与溢额分保的责任比为 3:7，即保费和赔付责任的分摊比例为 3:7。当风险单位 C 的保险金额为 400 万元时，则自留 30 万元，溢额分保 300 万元，超过总承保能力的 70 万元列入其他合同。

溢额再保险有两个方面的特点：一是可以灵活确定自留额；二是比较烦琐费时。一般来说，对于危险性较小、利益较优且风险较分散的业务，原保险人多采用溢额再保险方式，以保留充足的保险费收入。对于业务质量不齐、保险金额不均匀的业务，也往往采用溢额再保险来均衡保险责任。在国际分保交往中，溢额分保也是常见和乐于考虑的接受分保业务之一。

在实务中，还可能会遇到所谓的成数溢额混合再保险形式（Combined Qs/Surplus Treaty）。即将成数再保险和溢额再保险组合在一个合同里。主要有两种方式：分出公司先安排一个成数合同，规定合同的最高责任额，保额超过此限额时，再按另定的溢额合同办理；分出公司先安排一个溢额合同，但其自留额按另定的成数合同处理。

（二）非比例再保险

非比例再保险（Non – Proportional Reinsurance）以损失为基础来确定再保险当事人双方的责任，即以赔款为基础规定一个分出公司自己负担的赔款额度，对超过这一额度的赔款由分入公司承担赔偿责任，故又称损失再保险，一般称之为"超额损失再保险"（Excess of Loss Reinsurance）。

由于超额损失再保险是对原保险人赔款超过一定额度或标准时，再保险人对超过部分责任负责，故又称第二危险再保险，以表示责任的先后。

非比例再保险的种类主要有超额赔款再保险和赔付率超赔再保险。

1. 超额赔款再保险

超额赔款也可以是非比例再保险的通称，但这里指的是以赔款额度作为自留和分保界限的一种分保方式，在运用中也分为险位超赔再保险和事故超赔再保险。

（1）险位超赔再保险。

险位超赔再保险（Working Cover），以每一危险单位所发生的赔款来计算自负责任额和再保险责任额。关于险位超赔在一次事故中的赔款计算，有两种情况：一是按危险单位分别计算，没有限制；二是有事故限额，即对每次事故总的赔款有限制，一般为险位限额的 2~3 倍，即每次事故接受公司只赔付 2~3 个单位的损失。

（2）事故超赔再保险。

事故超赔再保险（Catastrophe Cover）是以一次事故所发生的赔款总和计算自留额和分保额，即一次事故中许多风险单位同时发生损失，当责任累积额超过自留额时，超过部分由接受公司负责。

2. 赔付率超赔再保险

赔付率超赔再保险（Excess of Loss Ratio Reinsurance）又称"停止损失再保险"（Stop Loss Reinsurance），是以赔款与保费的比例来确定自负责任额和分保责任额的再保险方式。即在约定的一定时期（通常为 1 年）内，当分出公司的赔付率超过一定标准时，超过部分由分入公司负责至某一赔付率或金额。

在赔付率超赔再保险中，除了有赔付率的限制外，还限定一个赔付金额，并在二者中以低者为限。而且分出公司的自负责任额和分入公司的分保责任额都是由双方协议的赔付率标准限制的。因此，正确地、恰当地规定这两个标准，是赔付率超赔再保险的关键。

（三）比例再保险与非比例再保险的比较

比例再保险与非比例再保险都是保险公司再保险可以选择的策略，两种再保方式的比较见表 6.1。

表 6.1　　　　　　比例再保险与非比例再保险的比较

比较项目	比例再保险	非比例再保险
再保续保条件	无论合同或临时分保，分保条件可以续转	一般只承保 12 个月，续转时，条件重新商谈
计算基准	以保险金额计算分保保障	以赔款金额计算保障
再保费用	保费是原始保单保费的一定比例	保费根据赔款的历史记录拟定
赔付条件	赔款按照自留和分保比例分担，一般赔款无须提前告知	赔款按照超赔条件摊付，需摊付的赔款应提前通知
保费支付日期	除了现金赔款，保费和赔款是按照季度或规定的期间做账并支付的	保费在合同起期时支付，年终可调整
责任期	责任期较长，特别是合同业务	一般在年度终了可以清楚计算分保责任

资料来源：智库百科

二　一般再保风险模拟

成数再保险和停止损失再保险是保险公司最常用的两种再保方式，现对这两种方式分别进行阐述，描述在这两种再保策略下如何确定自留保费比例。

（一）保费原理

1776 年，亚当·斯密在他著名的《国富论》一书的第一卷第十章中讲到，保险费"必须足以补偿通常的损失，支付管理费，并提供一份同额资本在任何通常的贸易中能获得的相等的利润"。根据这一论述，保费计算可以分解为三个部分：一是预期赔款金额；二是保险公司的运行费用（如保险代理的佣金）；三是风险补偿，即保险公司承担风险应得的报酬。如果用 X 表示原保险公司的风险保费总金额，X_I 为自留风险保费金额，X_R 为再保公司分出的风险保费金额，则保费原理中的预期赔款金额是原保险公司平均损失 X 的数学期望 $E(X)$，即原保险公司的纯保费，再保公司接受分出业务的纯保费为 $E(X_R)$，假设原保险公司愿意支付的再保费用为 P_R（包括纯保费、管理费用、风险补偿），则再保公司对原保险公司承担一部分风险得到的收益为 $P - E(X_R)$。

一般确定保费计算原理有以下几种常见的形式[①②]：

（1）纯保费原理：$\pi[X] = E[X]$。该原理也被称为等价原理，适用于风险中性的保险人。

（2）期望值保费原理：$\pi[X] = (1 + \beta)E[X]$，这里 $\beta E[X]$ 被称为附加保费。

（3）方差保费原理：$\pi[X] = E[X] + \alpha Var[X]$。这里附加保费是风险保额方差的函数。

（4）标准差保费原理：$\pi[X] = E[X] + \alpha \sqrt{Var[X]}$。

（5）指数保费原理：$\pi[X] = \dfrac{1}{\alpha}\lg[X(\alpha)]$。

确定保费 $\pi[X]$ 应满足以下五个性质：

（1）附加保费的非负性：$\pi[X] \geqslant E[X]$。

这一性质又被称为安全性，因为如果没有附加保费，保险

---

①　[荷兰] R. 卡尔斯等：《现代精算风险理论》，唐启鹤、胡太忠、成世学译，科学出版社 2005 年版，第 8—12 页。

②　毛泽春：《线性效果理论与保费计算原则》，《财经论丛》2005 年第 3 期。

公司将面临破产风险。

（2）无敲诈性：$\pi[X] \leq \min\{p \mid F_X(p)\} = 1$。

这一性质考虑的是风险变量的有界性，如果风险变量 X 无界，保费为无穷大。

（3）相容性：对任意 c，有 $\pi[x+c] = \pi[x] + c$。

即当风险保险金额增加一个常数 c，则保费也增加相应大小。相容性又被称为平移不变性。

（4）可加性：对任意相互独立的风险变量 X 与 Y，有 $\pi[X+Y] = \pi[X] + \pi[Y]$。

（5）平滑性：对任意风险变量 X 与 Y，有 $\pi[X] = \pi[\pi(X \mid Y)]$。

（二）确定再保策略最优性准则

对于原保险公司来说，不论是采用成数再保险策略还是停止损失再保险策略，都会面临一个问题，就是如何确定再保风险比例。对于原保险公司而言，分出的风险越多，自己面对的风险越小，同时保险公司需要支付的再保险费用越多，保险公司的运营成本越高。因此，寻求自留风险与分出风险之间的一个最优比例是保险公司再保策略的关键。

在确定再保险最优比例的风险标准中，比较常用的有两种：一种是均值—方差度量准则；另一种是期望效用最大化准则。

1. 均值—方差度量准则

马科维茨提出的资产组合的均值—方差模型的核心思想是将投资组合的收益和风险分别用数学期望与方差来表达，做到一定收益条件下风险最小，或是一定风险条件下收益最大①。

设原保险公司收取被保险人的总保费为 F（常数），当其进行再保险安排时，收益的期望值为 $F - E[F]$，方差为 $Var(T) = Var[X_I + \delta(X_R)]$，其中 X_I 为自留风险金额，X_R 为再保公司分出的风险金额。最优准则包括：

（1）收益一定的情况下，风险最小化准则。

当收益的期望值不低于某个常数时，即 $F - E(T) \geqslant I$（I 为常数）。

风险最小化准则表述为：$\min[Var(T)]$。

（2）风险一定的情况下，收益最大化准则。

当风险不高于某个常数时，即 $Var(T) \leqslant R$（R 为常数），期望收益（均值）最大化可以表述为：$\max[F - E(F)]$，等价于期望费用最小化 $\min[E(T)]$。

2. 期望效用最大化准则

一般的保险教科书或是保险实务中强调"保费 = 纯保费 + 附加保费"，但是从理论上讲，保险产品也是商品的一种，在本质上是由市场的供求关系决定的，其标的物是"风险"，保险定价不仅要考虑"风险"本身的价格，还要考虑供求关系以及投保人的意愿。

同样地，再保险策略的选择不仅需要考虑保险潜在损失分布这个不确定因素，还要考虑决策者内在的偏好结构、对待风险的态度等。每个决策者的效用函数并不相同，但都要求期望效用最大化。

下面分别就保险公司常用的两种再保险策略，运用以上两

① 卫海英、邓玮等：《均值—方差理论的局限及其在我国的适用性》，《南方金融》2004 年第 10 期。

种准则进行策略建模，确定最优再保险比例。①

（三）成数再保险策略建模

前面已经提到，成数再保险是我国财产保险公司目前主要的分保方式，是指原保险人按约定的比例，将每一风险单位的保险金额向再保险人分保的方式。按照这种再保险方式，不论分出公司承保的每一风险单位的保额多少，只要是在合同规定的限额内，都按照双方约定的固定比率进行保费分配和赔款分摊。模型如下：

1. 模型参数定义

定义：设原保险公司每一风险单位的保险金额为 X，按双方商定的比例 α 确定分保比例，自留比例为 α，分出风险比例为 $(1-\alpha)$，X_I 为自留风险金额，X_R 为再保公司分出的风险金额，则：

$$X_I = \alpha X$$
$$X_R = (1-\alpha)X \qquad (6.18)$$
$$X_I + X_R = X$$

设原保险公司的总费用为 W，其中再保险保费函数为 $\delta(X_R)$，则：

$$W = X_I + \delta(X_R) \qquad (6.19)$$

2. 均值—方差准则下遵循方差最小化的最优再保险策略安排

由前面叙述可知，再保公司保费函数为：

$$\delta(X_R) = E(X_R) + \rho Var(X_R) \qquad (6.20)$$

---

① 为避免重复，使用均值—方差准则时，对成数再保险策略采用期望收益（均值）一定条件下的方差最小化确定最优再保险比例，对损失停止再保险策略采用方差一定条件下期望收益（均值）最大化原则确定最优再保险比例。

假设方差确定为 $Var(T) = R$ （R 为常数），则有：

$$Var(T) = Var(X_I + X_R)$$
$$= Var(X_I + E(X_R) + \rho Var(X_R))$$
$$= Var(X_I) \qquad (6.21)$$

即 $Var(X_I) = R$。

由式（6.18）、式（6.20）、式（6.21）可知：

$$\alpha = \sqrt{\frac{R}{Var(X)}} \qquad (6.22)$$

即自留风险比例与被保风险的风险程度成反比，风险越高，原保险公司分出保费就越高。

3. 期望效用最大化准则下的最优再保险策略安排

假设保险公司保险标的的资产价值为 F，这笔资产投保面临的损失为随机变量 X（投保金额），又设保险公司是风险厌恶者，设其风险偏好系数为 λ（$0 \leq \lambda \leq 1$），如果保险公司对风险极端厌恶，则 $\lambda = 0$；反之，保险公司对风险不计较，只在乎收益最大化，则 $\lambda = 1$。其效用函数为 $u(x)$，满足$u'(x) > 0$，$u(x) < 0$。保险公司希望自己期望效用最大化，可用下式表达：

$$\max\{E[u(\alpha)]\}$$
$$s.t.\ 0 \leq \lambda \leq 1 \qquad (6.23)$$

其中，假设 $u(\alpha) = 1 - \dfrac{1}{e^{\lambda\alpha}}$①

$$E[u(\alpha)] = \int_D u(\alpha)\, dF_{(x_I)}$$

其中，$F(x)$ 是 X 的分布函数，可以是非巨灾损失分布函

---

① 该函数形式是为了保证效用函数是非减的凹函数。

数，也可用巨灾损失分布函数，由第五章的损失发生器产生，D 是 X 的取值范围。

在成数再保险策略下，最优保费安排由下式决定：

$$\max[\,E(u(\alpha))\,] = \max\left\{\left(1 - \frac{1}{e^{\lambda\alpha}}\right)F(X_I)\,|_D\right\}$$

$$= \max\left\{\alpha X\left(1 - \frac{1}{e^{\lambda\alpha}}\right)\right\} \qquad (6.24)$$

在期望效用准则下，最优再保险策略安排与损失分布函数、个人的风险偏好有关，一般来说，自留风险比例与保险公司的风险偏好成正比，保险公司对风险较喜爱，自留风险比例就会较高。这里需要说明的是，效用函数 $u(\alpha)$ 还可以采用其他形式，但必须保证其符合非减凹函数的特征。

（四）停止损失再保险策略建模

停止损失再保险是非比例再保险的一种常用形式，是以赔款与保费的比例来确定自负责任额和分保责任额的再保险方式。即在约定的一定时期（通常为 1 年）内，当分出公司的赔付率超过一定标准时，超过部分由分入公司负责至某一赔付率或金额。模型如下：

1. 停止损失再保险策略表达式

$$X_I = \begin{cases} X, & X \leqslant d \\ d, & X > d \end{cases} \qquad (6.25)$$

$$X_R = \begin{cases} 0, & X \leqslant d \\ X - d, & X > d \end{cases} \qquad (6.26)$$

2. 均值—方差准则下遵循均值最大化的最优再保险策略安排

在停止损失再保险策略下，要实现最优再保险，原保险人要满足约束条件：在既定风险（方差）下，期望收益（均值）

最大化。

在保险精算实务中通常采用的保费计算原理是方差原理，仍然令 $\delta(X_R)$ 为再保公司收取的保费，则根据式（6.20）：

$$\delta(X_R) = E(X_R) + \gamma Var(X_R)$$

并且保险公司收取保费要能够覆盖保险公司的总成本。

保险公司收取的保费可以表达为：

$$\xi(X) = E(X) + \eta Var(X) \tag{6.27}$$

则原保险公司的收益为：

$$\begin{aligned}
\xi(X) - \delta(X_R) &= E(X) + \eta Var(X) - E(X_R) - \gamma Var(X_R) \\
&= E(X_I) + [\eta Var(X) - \gamma Var(X_R)] \\
&= E(X_I) + [\eta Var(X) - \gamma Var(X - X_I)] \\
&= E(X_I) + (\eta - \gamma) Var(X) + \gamma Var(X_I)
\end{aligned}$$

$$\tag{6.28}$$

在总体方差一定的条件下，即 $Var(X) = R$，保险公司的收益实际上是以上表达式的最优化问题：

$$\max\{E(X_I) + (\eta - \gamma)R + \gamma Var(X_I)\}$$

即：

$$\max[E(X_I) + \gamma Var(X_I)] \tag{6.29}$$

$$s.t. \ X_I = \begin{cases} X, X \leqslant d \\ d, X > d \end{cases}$$

3. 期望效用最大化准则下的最优再保险策略安排

同成数再保险的分析过程类似，停止损失再保险在期望效用最大化准则下的最优免赔额 d 由以下方程决定[1]：

---

[1] 谢志刚、韩天雄：《中国精算师资格考试用书：风险理论与非寿险精算》，南开大学出版社 2000 年版，第 204 页。

$$P = \int_d^\infty (X - d)f(x)\,dx \qquad (6.30)$$

第三节 承保周期模拟

承保周期（Underwriting Cycle）是非寿险市场特有的现象。承保周期风险是指因非寿险业承保结果呈现周期性波动特征，引发保费收入周期性上升和下降，使丧失偿付能力的非寿险公司数量出现周期性波动。承保周期的常用指标是承保利润率，即承保结果占净保费的百分比。统计结果表明，不同国家的承保周期从 5 年到 9 年不等，平均为 6 年左右，在承保周期处于下降通道时，丧失偿付能力的非寿险公司数量会迅速增加。以美国为例，其非寿险业承保周期一般为 7～9 年。承保周期风险属于系统风险，是非寿险保险公司需要管理的重要风险之一。

一 承保周期风险概述

第三章在分析保险公司的利润来源时指出，保险公司的利润来自于两个方面：一个是承保利润；另一个是投资。对于非寿险保险公司而言，其保险合同多为短期合同，流动性高，保费资金在运用方面受到很多限制，因此非寿险保险企业的生存与发展对于承保利润的依赖性较强。但是承保周期现象的存在，直接影响承保利润流的稳定性，使得保险公司在资产负债管理中必须重视该现象造成的风险。

承保周期过程可以表述为：财产保险市场存在一定的周期性，在市场坚挺期（Hard），由于保险市场承保能力不足，保险需求旺盛，导致保险产品价格弹性较小，保险公司往往通过提高费率和承保标准来获得较高的承保利润；然而，过高的利润率将吸引大量资本进入保险市场，增加保险供给并造成承保能力过剩，在激烈的市场竞争中，行业费率趋于下降，承保标准变得宽松，由此进入市场疲软期（Soft），承保能力开始出现下降的趋势。由此周而复始，就出现了承保周期现象①，如图 6.2 所示。

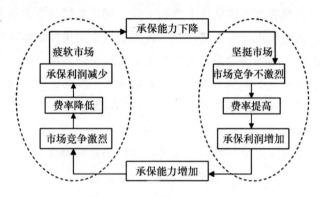

图 6.2　承保周期现象示意图

（一）承保周期普遍存在性比较分析

承保周期理论在许多国家的非寿险市场得到实证支持。大量文献研究表明，很多国家的承保周期服从二阶自回归过程。卡明斯和奥特依维乐（Cummins and Outreville, 1987）考察了 13 个国家的产险业，发现有 10 个国家出现了承保周期现象（见表 6.2）。坦南特（Tennant, 1997）和维丝（Weiss, 1997）对某些发达国家的财产保险行业进行了实证研究，发

---

① 王波、史安娜：《非寿险市场的承保周期研究及在中国的检验》，《上海金融》2006 年第 7 期。

现财险各险种在各个国家都存在承保周期现象（见表6.3）。陈瑞宝、王启安和李洪州（Rebao Chen，Kie Ann Wong and Hong Chew Lee，1999）对亚洲新兴市场进行了实证研究，发现存在承保周期现象（见表6.4），当然也有一些国家没有检测出周期[①]。

表6.2　　　　　部分国家全险种承保周期长度　　　　单位：年

国家	澳大利亚	加拿大	丹麦	芬兰	法国	德国	意大利Ⅰ
承保周期长度	4.69	6.65	N.A.	N.A.	8.23	7.76	11.71
国家	意大利Ⅱ	日本	新西兰	挪威	瑞典	瑞士	美国
承保周期长度	7.38	7.72	6.36	N.A.	6.29	5.35	6.11

注："意大利Ⅰ"的数据长度：1957—1979年，"意大利Ⅱ"的数据长度：1960—1979年

我国学者也对我国财产保险行业的承保周期做过一些实证研究，如王波和史安娜（2006）对我国非寿险市场自1980年以来的承保数据进行检验，结果表明我国非寿险行业整体无明显的承保周期现象，但是在几大类主要险种里，机动车辆险表现出典型的承保周期特征，周期长度约为6年[②]，这一结果与美国及亚洲其他几个国家和地区的机动车保险所表现出的波动性十分相近（美国5.9年、日本7.35年、新加坡7.7年、中国台湾5.5年）；张琳和朱园丽利用相似的模型得到中国机动车保险存在5.64年的承保周期。但是上

---

① 蔡华、杨晓：《承保周期理论及其对我国产险业的启示》，《工业技术经济》2007年第9期。

② 王波、史安娜：《非寿险市场的承保周期研究及在中国的检验》，《上海金融》2006年第7期。

述研究仅仅采用了赔付率作为周期识别变量,无法反映实际情况。因此,冀玉娜和郑海涛选用综合赔付率和承保利润两个变量,选取了中国 1980—2006 年的行业年度数据,采用二阶向量自回归和谱分析方法检验了中国整个非寿险市场,发现中国非寿险市场存在 12.5 ~ 16.7 年的长周期和 5.6 年左右的中周期[①],该结果与亚洲新兴市场国家的承保周期基本类似。

表 6.3 部分国家财产险险种承保周期 单位:年

国家	平均损失率	全险种保险	汽车责任险	火灾损失险	海险	意外健康损失险	一般责任险	其他损失险
美国	6.932	7.389	5.948	5.178	6.924	10.015	8.076	7.061
加拿大	5.537	5.786	5.275	6.095			6.222	4.088
西德	6.448	5.128	5.472	7.811	12.193		—	4.348
法国	6.700	10.194	5.386	—	21.974		5.986	N. A.
新西兰	6.149	12.031	N. A.	5.364	—	6.248	N. A.	7.348
瑞士	6.869	6.489	5.955					4.327
西班牙	—	5.703	9.756					5.095
奥地利	—	N. A.	8.596		4.707			4.510
丹麦	—	N. A.	4.961	6.218	8.886		4.361	—
日本	18.32	7.066	7.574		9.594	7.698	5.947	—
澳大利亚	5.044	5.180	5.298	4.390	5.504	N. A.	—	5.604
意大利		4.840	7.529				10.489	—

注:数据长度:1965—1987 年

[①] 蔡华、杨晓:《承保周期理论及其对我国产险业的启示》,《工业技术经济》2007 年第 9 期。

表 6.4　　　　　　　　亚洲新兴市场国家承保周期　　　　单位：年

国家	全险种	海险	火险	车险	其他
新加坡	7.78	—	—	7.70	—
韩国	—	—	5.29		—
马来西亚	12.01		10.07	—	—
日本	13.86	7.34	7.32	7.35	
中国台湾	—		—	5.51	—

注：数据长度：1970—1995 年

（二）承保周期出现的原因分析

造成财产保险行业承保周期现象的原因有很多，对其解释的理论也有很多学派，总的来说可以归纳为非理性预期假说学派和理性预期假说学派。

1. 非理性预期假说

非理性预期假说认为，出现承保业务的周期性变化是由于一些非理性的市场行为导致的后果，具体主要有：

（1）过度竞争导致的定价失衡。

拉达驰（Radach，1988）和弗莱斯（Fries，1997）都认为，非寿险行业的周期性跟经济周期产生的原因基本一致，都是由于在过度竞争情况下，非理性的保险人为了追求业绩、维持市场份额，盲目降低价格，过度承担风险，价格竞争的结果紧接着导致非寿险市场供给规模的缩小，最终形成承保周期［威尔逊（Wilson），1981；伯格（Berger），1998］。但是卡明斯和奥特依维乐（1987）认为，在某个节点上，保险人提高费率引起保险供给的减少。

（2）费率厘定的非准确性。

财产保险公司费率厘定的精算方法是面向历史的，但保费

的收取、保险事件的发生都是面向未来的。保险公司对未来的
预测建立在历史损失数据的基础上，这些数据存在一定的滞后
性，并且未来损失规律受多种现实因素影响，与历史损失经验
之间存在一定的变化。因此，历史损失外推的保费厘定方法存
在一定程度的非理性。韦内齐安（Venezian，1985）把承保周
期的产生归因于费率厘定过程的非理性，他通过实证发现，承
保利润服从 AR(2)过程，周期长度大约为 6 年。史密斯和高
欣（Smith and Gahin，1985）运用谱分析方法，也得到相似的
周期结果。涅豪斯和特里（Niehaus and Terry，1993）在研究
过程中也发现保险利润数据与滞后损失之间存在很强的相
关性。

（3）承保能力约束。

温特（Winter，1989）认为，保险人的保险供给能力是由
其内部权益（如盈余）决定，外部的权益资本相对内部来说
成本更高，当保险人发生意料之外的损失继而引发内部权益的
减少，由于企业边界的存在，外界权益资本很难及时注入公司
以增加其承保能力。因此，仅依靠有限的内部权益资本很难在
短时间内提高保险供给能力，客观上使得保险供给量变得具有
刚性，结果导致了市场价格与利润的波动。涅豪斯和特里用意
外险时间序列数据检验了保费决定因素和承保周期产生的原
因，实证结果有力地支持了温特的说法。

2. 理性预期假说

理性预期学派又称为理性预期或制度干预假说学派，代表
人物有卡明斯和坦桑（Danzon）以及坦南特和维斯。他们认
为，保险市场有足够的理性，造成其周期性波动的原因来自于
系统风险，保险公司无法控制。目前，有越来越多的证据表
明，理性假说对承保周期现象的解释更具有说服力。

（1）行业扰动因素的影响。

卡明斯和奥特依维乐（1987）认为，在成熟的保险市场，当保险供求关系发生波动时，保险公司的费率厘定是足够理性的，非寿险行业的承保周期现象不是非理性保险人造成的，而是行业扰动因素影响的结果，如费率厘定时收集数据的时滞、保单持有人续保行为的时滞、监管部门动态监管的时滞以及静态的会计准则。他们采用一个二阶自回归模型，将上面4个扰动因素纳入模型中，发现实证的13个国家中有12个国家出现了承保周期现象，周期的长度为6~8年。

坦南特和维斯采用广义最小二乘法，分析了9个发达国家的滞后损失、利率、股票均价、真实国内生产总值、集中度、监管、保单时限和巨灾损失变化时所对应的保费变化的情况，实证结果表明，数据收集、监管、续保、会计时滞、利率、真实国内生产总值和股票均价与承保周期的形成密切相关，保险周期的长度主要由利率、费率监管和巨灾损失的增长决定。

但是对于监管的影响，至今仍然存在争论。许多人认为制度监管特别是对保险费率的监管，影响了保险费率厘定过程的客观准确性以及时效性，使得保险费率不能及时准确地反映市场变化以及行业预期，通过对价格的影响，影响了保险市场的市场均衡机制，从而造成承保周期现象的产生。但同时，也有学者认为，保险费率的监管恰恰能够熨平保险市场的周期性波动，有利于市场的稳定。

（2）利率。

利率风险是寿险公司的主要风险，通常在研究非寿险公司时，将利率看作宏观扰动因素。实际上，利率通过调控宏观经济走向，造成货币供给的增加或减少，反映了宏观经济周期的走向，从而影响保险行业的签约保单数，造成了保险费率的变化。大部分的保险定价模型都把利率看作是与费率正相关的扰动因素。因此，利率是承保周期变动的一个重要原因。威尔逊（1981）、杜尔特和康（Doherty and Kang，1988）、菲尔兹和韦内齐安（Fields and Venezian，1989）、杜尔特和嘉文（Doherty and Garven，1992）等为此理论提供了相关的实证支持。

（3）宏观经济的影响。

格雷斯和霍奇科斯（Grace and Hotchkiss，1995）通过对宏观经济运行情况的数据分析，运用协整（Cointegration）技术，发现承保周期与国民经济的长期表现有关，并有一致性波动的趋势，而与宏观经济的短期震荡相关性较弱。王晨和李（Wong Chen and Lee，1999）通过实证检验发现亚洲国家的承保周期受这些国家的国内生产总值增长率的影响非常显著：经济扩张阶段，保险的供给与需求会相应地增加；经济收缩阶段，保险供给与需求会相应地减少。

（4）资本市场的影响。

温特（1989）提出保费并不是衡量未来损失最好的预期指标，他认为由于资本市场的不完美，当保险人遭受意外的损失—如巨灾—造成其资本金锐减，需要从外部融资时，不能立即获得外部的资金支持。同时，保费也不是未来赔付的一个有效预测指标。当公司盈余降低时，保费要比预期赔付的现值大；当盈余水平较高时，保费比预期赔付的现值小。盈余的时滞价值（Lagged Value）与公司的盈余水平负相关，因此承保周期的出现与保险公司的盈余价值密切相关，因为保险公司收取的保费不仅依赖于对未来损失的预期，也依赖于公司过去盈余价值的大小。

二　承保周期风险模拟

对于保险公司资产负债管理来说，影响承保利润的承保周期风险不仅包括行业全险种的承保周期，还包括各个分险种自身的承保周期。并且近几年，国内很多学者已经对我国财产保险行业的承保周期做过实证研究，因此本节仅仅介绍承保周期的计算方法，而不对我国财产保险行业的承保周期做实证检验。

（一）估计方法与数据来源

1. 承保周期的估计方法

从目前承保周期估计的文献来看，承保周期的估计方法有以下几种：

（1）利用财险公司利润率序列相关图，轴向上两个交叉点之间的距离或者波峰与波谷之间的距离就是周期长度。

这种方法的特点是比较直观，估计过程比较简单，但是比较粗糙。

（2）谱分析方法。

谱分析方法是利用一个时间序列的样本数据，估计一个平稳随机信号的功率谱密度，谱分析方法分为参数化方法和非参数化方法两大类。利用这种方法检验承保周期的存在性优点是可以利用较少的数据估计周期，缺点是周期结果不稳定，从不同的时间序列当中获得的周期相差很大。

（3）二阶向量自回归方法。

1985年，韦内齐安建立了一个非理性预期下保险市场费率制定的外推模型，这个模型显示出，保险市场均衡价格形成的二阶自回归特征非常明显。后来，卡明斯和奥特依维乐从理性预期假设出发，同样推导出了保险公司利润率的二阶自回归模型。从此以后，各国学者对保险周期的研究中大多采用了二阶自回归模型方法。

本书亦采用二阶向量自回归 AR(2)方法，对我国财险公司的承保周期进行实证研究。

2. 数据来源

考察承保周期的指标一般采用综合赔付率和承保利润，承保利润的数据涉及企业商业秘密，很难得到，而综合赔付率能够反映已赚保费与保险损失之间的关系，并且在一定程度上可以反映承保利润的高低，比如：当年保费收入的增长高于损失赔付的增加时，综合赔付率就会下降；当年保费收入的增长低于损失赔付的增加时，综合赔付率就会上升。因此，可以采用综合赔付率作为承保周期的考察指标。

综合赔付率中赔款支出和已赚保费的计算方法为：

赔款支出 = 本年赔款支出 + 分保赔款支出 - 摊回赔款支出 - 追偿款收入 + 未决赔款准备金提转差

已赚保费 = 自留保费收入 + 未到期责任准备金提转差 + 长期责任准备金提转差

综合赔付率 = 赔款支出/已赚保费

模型中所用的数据需要采用行业中财产保险公司的年度财务数据，通过计算整理得到。

（二）承保周期估计方法

如前面所述，本书采用国外对承保周期研究广泛使用的二阶自回归模型：

$$X_t = \alpha_0 + \alpha_1 X_{t-1} + \alpha_2 X_{t-2} + \varepsilon_t \qquad (6.31)$$

其中：X_t 为第 t 期的综合赔付率指标；ε_t 为二阶向量自回

归模型中的随机误差项。则承保周期存在的必要条件为[①]：

$$\alpha_1 > 0$$
$$\alpha_2 < 0 \qquad (6.32)$$
$$\alpha_1^2 + 4\alpha_2 < 0$$

承保周期的长度可以表示为：

$$P = 2\pi / \cos^{-1}\left[\alpha_1 / (2\sqrt{-\alpha_2})\right] \qquad (6.33)$$

第四节　本章小结

本章是第五章的延续，主要任务是建立影响保险公司资产配置的内部环境风险模拟机制。本章主要建立了三个风险发生模拟模型：损失发生器、再保险策略模拟以及承保周期模拟。

损失发生器的设计分为两部分：第一部分是非巨灾损失发生器的设计，主要从损失频率、损失幅度、保单年龄现象三个层面对非巨灾损失进行模拟；第二部分是对巨灾损失发生器的设计，由于巨灾损失的发生属于极值事件，其概率分布符合极值理论，因此本书采用极值理论模拟，模拟选用的方法是峰值超越阈值（POT）。

再保险策略模拟部分首先介绍了保险公司常用的再保险种类，主要分为比例再保险和非比例再保险。并运用保险精算方法，采用均值—方差度量准则和期望效用最大化准则分别对成数再保险和停止损失再保险的最优再保险策略进行了模拟，给出了模拟的思路。

承保周期模拟部分首先对各国非寿险公司承保周期存在的普遍性进行了比较分析，继而分析了承保周期出现的原因，基

---

① 相关公式推导与证明见 Venezian（1985）。

于非理性预期说的过度竞争、费率厘定的时滞性、承保能力约束，以及基于理性预期假说的行业扰动、利率、宏观经济状况、资本市场等造成了承保周期现象。然后介绍了二阶向量自回归的估计方法，并给出了承保周期存在的必要条件和周期长度的估计公式。

第七章　动态财务分析技术的应用

——条件风险值模型（CVaR）与负债约束下保险公司动态资产配置模型

　　动态财务分析技术是适应非寿险公司动态资产负债管理需要发展起来的，但是这一技术除了可以满足保险公司动态资产负债管理要求之外，还可以用于保险公司战略资产配置。本章采用某上市保险公司的公开数据，对其战略资产配置方案进行优化研究，建立条件风险值模型与负债双重约束的保险公司动态资产配置模型，并通过模拟计算，验证本书动态财务分析技术在保险公司动态资产配置方面的可靠性。

第一节　资产配置研究方法概述

　　保险公司的资产配置是指在负债约束下将资产在多个资产类别之间进行分配，如债券、股票或不动产等。最早对资产配置技术进行研究的是马科维茨（1952），他提出了著名的均值—方差最优化模型，这一模型在投资领域几乎可以与资产配置的概念等价。1952年，马科维茨在他的《投资组合选择》一文中，假定投资风险可以被视为投资收益的不确定性，这种不确定性可以用统计学中的方差或标准差来度量。在以方差为风险度量的基础上，理性的投资者在进行投资决策时追求的是收益和风险之间的最佳平衡，即一定风险下获取最大收益或一定收益下承受最小风险，因此通过均值—方差分析进行单目标下的二次规划，就可以实现投资组合中金融或证券资产的最佳配置[①]。该模型为：

$$\min\sigma^2(p) = \sum_{i=1}^{n}\sum_{j=1}^{n}x_i x_j cov(r_i, r_j) \tag{7.1}$$

$$s.t. \begin{cases} E(R_p) = \sum_{i=1}^{n}x_i E(R_i) \\ \sum_{i=1}^{n}x_i = 1, \ x_i \geqslant 0, （不允许卖空） \\ \sum_{i=1}^{n}x_i = 1, （允许卖空） \end{cases}$$

马科维茨的均值—方差模型用均值来衡量投资回报率，用方差作为风险度量的手段。方差在技术上有其方便性，在度量投资组合的风险时，可以将单个资产收益的方差与协方差组合起来构成整个投资组合的总方差。但是方差度量风险的方法一直备受争议，如法玛等人对美国证券市场投资收益率分布的实证研究，基本否定了采用方差度量投资组合风险的前提条件——投资收益呈正态分布的假设。后来，金融市场一系列波动以及金融风险的不断积累和爆发，使得单阶段的均值—方差模型在实践中受到极大挑战，风险管理专家渐渐发展出多阶段投资组合优化模型。日匹（Hibiki, 2001）与竹村（Takemura, 2001）对多阶段投资组合最优化技术做

---

① 吴世农、陈斌：《风险度量方法与金融资产配置模型的理论与实证研究》，《经济研究》1999 年第 9 期。

了一个概括性的介绍①②。

多阶段动态资产组合最优化技术同样面临风险度量手段的问题。继马科维茨之后，金融风险管理专家、学者做了大量的研究和尝试，试图找到既具备理论完备性又具有计量的便利性，同时还能符合风险度量对现实世界的准确描述以及符合投资者真实心理的度量方法。这些研究的重点基本上都围绕如何量化投资组合风险以便更高效地获得投资组合风险的度量手段。

20 世纪 90 年代后期，一种新的角度的风险度量方法——Value – at – Risk（VaR）方法得到广泛应用。风险价值模型方法首先由 J. P. 摩根提出，其核心思想是：风险价值模型（VaR）是指给定一个置信区间 α，给定一个持有期间 t，某投资组合在正常市场条件下的最大期望损失。即给定概率 α，某投资组合在期间 t 内，最大可能损失是一个可以度量出来的确切数字。其数学表达式如下：

$$F(x) = P[X \leq VaR(\alpha)] = 1 - \alpha \qquad (7.2)$$

其中，X 是描述投资组合损失的随机变量，$F(x)$ 是其概率分布函数，α 为置信水平。

由于风险价值模型（VaR）方法定义的简洁以及容易被理解和接受，这一方法在实践中得到巨大成功，尤其是被巴塞尔协议 II 所推荐。相比方差方法，VaR 对风险的度量更接近于投资者对风险的真实心理感受。然而，近几年的研究表明，风险价值模型（VaR）方法存在某些统计缺陷：

（1）风险价值模型（VaR）作为有效风险度量手段的前

① Hibiki N. Financial Engineering and Optimization ［M］. Asakura Publishing, Japan, 2001.

② Takemura H. Portfolio optimization ［M］. Asakura Publishing, Japan, 2001.

提假设是市场具有正态波动性，如果金融市场出现极端情况，如股票市场的崩盘，风险价值模型（VaR）方法无法度量。

（2）更重要的一点是，风险价值模型（VaR）不是风险一致性度量手段，因为它缺乏次可加性（subadditivity）与凸性（convexity）[1][2]。实际上，风险价值模型（VaR）只有建立在标准差正态分布的基础上，才是风险一致性度量手段。

这一性质使得金融机构在计算风险时，不能通过计算每一个分支机构的风险价值模型（VaR）来得到总体风险价值模型（VaR）。因此，研究者开始讨论用另一种方法——条件风险价值模型 Conditional – VaR（CVaR）来取代风险价值模型（VaR）。给定一个置信区间 α，给定一个持有期间 t，条件风险价值模型（CVaR）是超过风险价值模型（VaR）的条件期望损失。其数学表达式为：

$$CVaR_\alpha = -E[\,x\,|\,F(x) \leqslant \alpha\,] \qquad (7.3)$$

条件风险价值模型（CVaR）有效改善了风险价值模型（VaR）在处理损失分布厚尾现象时出现的问题，当投资组合损失的密度函数是连续函数时，条件风险价值模型（CVaR）是个风险一致性度量模型，具有次可加性、凸性等一系列吸引人的特性。近几年，出现了大量解决投资组合优化问题的条件风险价值模型（CVaR）应用的书，如亚历山大等（Alexander et al.，2003）[3]、亚历山大和巴普蒂斯塔

①　Delbaen F, Eber J M, Health D, et al. Coherent Measures of Risk [J]. Mathematical Finance, 1999 (4): 203 – 228.

②　Artzner P, Eber F, Eber J M, Heath D. Thinking coherently [J]. Risk. 1997 (10): 68 – 71.

③　Alexander S, Coleman T F, Li Y. Derivative portfolio hedging based on CVaR [A]. In: Szego. G (Ed.), Risk Measures for the 21st Century [C]. Wiley, London. 2003: 339 – 363.

（Alexander and Baptista，2003）①、洛克菲勒等（Rockafellar et al.，2006）②。然而目前将条件风险价值模型（CVaR）方法用于保险公司资产配置方面的研究成果还非常少，条件风险价值模型（CVaR）在我国保险公司风险管理中的应用还处于其早期发展阶段。

第二节　多阶段资产配置与条件风险价值模型（CVaR）

一　多阶段资产配置

传统的资产配置策略仅仅是指一种被称为"Buy - and - Hold"（购买并持有）的消极策略。现代资产配置技术起源于马科维茨的均值—方差模型，研究资产配置的学者在很长一段时间里都把研究兴趣集中在这一模型上，但是这一模型太过静态，不能准确描述金融市场的剧烈波动，因此近几年，动态资产配置技术逐渐发展起来。

最开始对动态资产配置的研究是在一个多阶段假设的框架下，用一系列差分方程来解决动态资产配置问题。如默顿（1971，1993）③④、米列夫斯基和波斯纳（Milevsky and Pos-

① Alexander G J, Baptista A M. CVaR as a measure of Risk: Implications for Portfolio Selection [C] //EFA 2003 annual conference paper, 2003 (235).

② Rockafellar R T, Uryasev S, Zabarankin M. Master funds in portfolio analysis with general deviation measures [J]. Journal of Banking and Finance, 2006, 30(2): 743 - 778.

③ Merton R C. Optimum consumption and portfolio rules in a continuous - time model [J]. Journal of Economic Theory, 1971 (3): 373 - 413.

④ Merton R C, Perold A. Theory of risk capital in financial firms [J]. Journal of Applied Corporate Finance, Fall 1993.

ner, 1998)①、多德（Dowd, 2000）等②。这些技术通常建立
在较为简单的策略和较为严格的假设条件下，如动态性、损失
分布服从几何布朗运动等，从而得出解析解。

更高级的动态资产配置技术是多阶段动态规划方法（Mul-
tistage Stochastic Programming Approaches）。1986 年，卡里诺
（Carino）和茨姆巴（Ziemba）为日本一家保险公司设计了一
个被称为动态资产负债管理模型的多阶段动态规划模型（Rus-
sell – Yasuda – Kasai），这一模型是保险公司动态资产配置的
标志性模型。1998 年，卡里诺和特纳（Turner）提出一个基
于资产回报率非对称分布的多阶段动态资产配置模型③。这一
模型采用动态规划技术，而且被证明其用于静态策略也是有效
的。除此之外，这一领域的研究成果还有德尔特（Dert,
1995）④、考文伯格（Kouwenberg, 2001)⑤、马尔维（Mulvey,
2003)⑥等人的研究结果。

在用多阶段动态规划方法进行资产配置时，经济环境可以
用情景树来刻画，其动态性由所选择的各种情景变量分布函数

①　Posner S E, Milevsky M A. Valuing exotic options by approximating the SPD with higher moments [J]. Journal of Financial Engineering, 1998, 7 (2): 109 – 125.

②　Dowd K. Adjusting for risk: An improved Sharpe ratio [J]. International Review of Economics and Finance, 2000(9): 209 – 222.

③　Carino D R, Turner A L. Multiperiod asset allocation with derivative assets [J]. Worldwide asset and Liability modeling, 1999, 10: 182.

④　Dert C L. Asset liability management for pension funds: a multistage chance constrained programming approach [D]. Erasmus University Rotterdam, 1995.

⑤　Kouwenberg R. Scenario generation and stochastic programming models for asset liability management [J]. European Journal of Operation Research, 2001, 134 (2): 279 – 292.

⑥　Mulvey J M, Pauling W R, Madey R E. Advantages of multiperiod Portfolio models [J]. The Journal of Portfolil Management, 2003, 29: 35 – 45.

的动态变量来保证，这样资产配置问题就会被转化成一个多阶段动态规划问题。

在本章，我们将保险公司的资产配置问题看作是一个多阶段金融优化问题，在模型中加入负债约束，并采用条件风险价值模型（CVaR）作为风险度量手段来建立条件风险价值模型（CVaR）与负债约束下的动态资产配置模型。

二 条件风险价值

设 $f(x, y)$ 是某个投资组合面临的损失函数，其中 $x \in X \subset R^n$ 为投资决策向量，X 为可行集，$y \in R^n$ 为一随机向量。x 可被理解为风险资产的组合系数，X 是受各种条件约束的所有可能组合的集合，y 是引起投资组合发生价值损失的市场因子，它是个随机向量，当损失为负值时，则意味着投资组合有正收益。

为简便起见，我们假设 $y \in R^n$ 的分布密度函数 $p(y)$ 为连续型随机变量。对某一给定的投资组合 $x \in X$，其损失超过某一阈值 θ 的概率由下式给出：

$$\Psi(x, \theta) = \int_{f(x, y) \leqslant \theta} p(y) dy \qquad (7.4)$$

$\Psi(x, \theta)$ 为累积概率分布函数，因而它是关于 θ 的递增函数，假定 $\Psi(x, \theta)$ 关于 x 是连续的，给定任意置信水平 α，VaR 的值可以定义为：

$$VaR_\alpha(x) = \min\{\theta \in R : \Psi(x, \theta) \geqslant \alpha\} \qquad (7.5)$$

相应地，条件风险价值模型 CVaR 被定义为超过或等于风险价值模型 VaR 的投资组合损失的条件期望，其数学表达式为：

$$CVaR_\alpha(x) = E[f(x, y) | f(x, y) \geqslant VaR_\alpha(x)]$$

$$= \frac{1}{1 - \alpha} \int_{f(x, y) \geqslant VaR_\alpha(x)} f(x, y) p(y) dy \qquad (7.6)$$

第三节　基于动态财务分析（DFA）的多阶段
资产配置模型

一　情景生成

情景生成部分本书采用国内生产总值（GDP）、通货膨胀率和收益矩阵（包括股票、债券和货币资产）代表未来经济运行环境。其中，通货膨胀率预测值由式（5.36）给出，股票收益率 r_{pt} 的预测值由式（5.52）给出，为简化起见，也可以将所有情景变量的预测值通过向量自回归模型 AR(p) 进行预测。AR(1)模型的表达式如下：

$$R_t = u + \Omega(R_{t-1} - u) + \varepsilon_t \quad t = 1,2,\cdots,T, \varepsilon_t \sim N(0,\Sigma)$$

（7.7）

$$R_{it} = \ln(1 + r_{it}) \qquad i = 1,2,\cdots,I, t = 1,2,\cdots,T$$

（7.8）

其中：t 代表时间；$i \in I$，$i = 1$，2，3，4，5，分别代表国内生产总值（GDP）、通货膨胀、股票、债券、货币资产；r_{it} 代表从时期 $t-1$ 到 t 变量 i 的回报率（或增长率）；R_t 代表 I 维连续复合向量；$u = (E[R_{1t}], E[R_{2t}], E[R_{3t}], E[R_{4t}], E[R_{5t}])$；$\Omega$ 为一个 AR(1)过程；ε_t 是随机扰动过程；Σ 为 ε_t 的协方差矩阵。

由于初始状态值可以观测到，也就是说 R_0 已知，$t = 0$ 初始状态资产回报的分布函数可以得到。$R_1 \sim N(u + \Omega\{R_0 - u\}, \Sigma)$，我们可以得到 R_t 的值，通过迭代方法可以得到未来经济环境预测的向量的分布函数 $R_t\{R_t | t = 0, 1, \cdots, T\}$。

二　CVaR 与负债约束下的多阶段动态资产配置模型

（一）最优化资产配置模型

我们建立 CVaR 与负债约束下的动态资产配置模型，将目标函数定义为：

$$\max E\left[\begin{array}{l} wealth\ at\ time\ horizon\ T \\ -\ loss\ penalty/expected\ penalized\ shortfalls \\ accumulated \end{array}\right] \quad (7.9)$$

参考目标函数定义，用数学语言表达为：

$$\max E\left[W_T - \sum_{l=1}^{L}\sum_{t=1}^{T}\max\{0, CVaR_t^l - cY_t^l\}\right] \quad (7.10)$$

其中：W_T 代表期初总财富；$\sum_{l=1}^{L}\sum_{t=1}^{T}\max\{0, CVaR_t^l - cY_t^l\}$ 代表预期损失成本。

其中，Y_t^l 是 t 期末在情景 I 下的负债总额，符合随机变量特征。c 是阈值系数，是个确定参数。

$$W_T = \sum_{l=1}^{L}\sum_{t=1}^{T}(X_{itl}^I + X_{itl}^B - X_{itl}^S - Y_t^l) \quad (7.11)$$

其中：X_{itl}^I 表示在情景 I 下 t 期末保险公司对资产 i 的总投资；X_{itl}^B 表示在情景 I 下 $t-1$ 期到 t 期购买资产 i 的总数量；X_{itl}^S 表示在情景 I 下 $t-1$ 期到 t 期卖出资产 i 的总数量。

为简化起见，我们忽略一些影响因素，比如税收的影响、非直接投资、监管限制以及多账户操作等。

（二）资产配置模型约束条件

1. 预算约束

$$\sum_{i=1}^{I}(1 - \gamma_i^s)X_{itl}^S - \left[\sum_{i=1}^{I}(1 + \gamma_i^b)X_{itl}^B + C_t\right] = 0 \quad (7.12)$$

其中：γ_i^s、γ_i^b 表示交易过程中产生的交易成本；C_t 表示在

情景 I 下 $t-1$ 期到 t 期现金流出，这是一个随机变量。

2. 持有资产约束

$$X_{itl}^I = X_{i(t-1)l}^I + X_{itl}^B - X_{itl}^S \qquad (7.13)$$

$$i = 1,2,\cdots,I, t = 1,2,\cdots,T$$

3. CVaR 约束

$$CVaR_\alpha(x) = \frac{1}{1-\alpha}\int_{f(x,y)\geqslant VaR_\alpha(x)} f(x,y)p(y)\,dy$$

4. 非负约束

由于中国证券市场还没有卖空机制，因此要求：

$$X_{itl} \geqslant 0 \qquad (7.14)$$

此处 $X_{itl} = X^I{}_{itl} + X^B{}_{itl} - X^S{}_{itl}$ 。

第四节　CVaR 约束下动态资产配置模型的应用

动态财务分析技术是适应非寿险公司动态资产负债管理需要而出现的，但其动态视角也适用于任何类型保险公司的资产管理方面，因此本章选取上市公司——中国太平洋保险公司（CPIC）公开披露的资产配置信息，对其资产配置进行优化。表 7.1 是初始状态经修正后的资产配置情况，为简便起见，我们剔除了占比很小的固定资产投资项目，修正后的资产配置情况见表 7.1。

表 7.1　　　　　　　　CPIC 初始时刻资产配置情况

初始投资时间	2007 年 12 月 31 日	
投资项目	数额（百万元）	比例（％）
股票与基金（X_{10}）	65059	25.94

续表

初始投资时间	2007 年 12 月 31 日	
投资项目	数额（百万元）	比例（%）
债券（X_{20}）	126534	50.44
定期存款（X_{30}）	59262	23.62
总计	250855	100%

资料来源：根据中国太平洋保险公司 2008 年第三季度报告整理

一　情景模拟

为简化起见，我们建立一个两阶段的情景树，第一阶段有
4 种情景，第二阶段各有 3 种情景，如图 7.1 所示。

为生成情景，需要对各个情景项进行估计，这里我们选取
股票、债券和定期存款的季度数据（1992—2008 年），国内生
产总值（GDP）和通货膨胀率数据选取 1992—2008 年度数据，
首先对各个情景项的统计特征进行计算，计算结果见表 7.2。
从统计结果的峰度和偏度看，我们选取的 5 个情景项分布都不
符合正态分布，原因有可能是因为选取数据长度不够，或是选
取数据期间长度不是经济周期的整数倍。由于我们不需要其分
布函数，因此不影响向量回归模型的应用。这里要特别说明的
是，股票收益率也可以由第五章式（5.36）模拟得到，通货
膨胀率还可以由式（5.52）模拟得到。

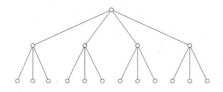

图 7.1　两阶段情景树

表 7.2　　　　　　　　1992—2008 年各情景项统计特征

	mean	var	Skewness	Kurtosis
股票（r_{1t}）	0.088022	0.029956	11.52374	377.588
债券（r_{2t}）	0.041688	0.026329	2.544490	9.61444
定期存款（r_{3t}）	0.058650	0.030221	0.283691	1.99674
GDP（r_{4t}）	0.116962	0.092394	-0.127419	4.07916
通货膨胀（r_{5t}）	0.050977	0.068995	1.623351	4.91588

数据来源：国内生产总值（GDP）、通货膨胀率数据来自于《中国统计年鉴（2008）》；股票收益率数据整理自上证指数；债券收益率使用的是 3 年期国债收益率；定期存款利率使用的是年存款利率

股票债券定期存款的协方差矩阵见表 7.3，从结果看，三者之间的协方差不为零，说明三者相互之间不独立。但总体来看协方差很小，可以忽略不计。将 5 个情景项的时间序列输入 Eviews 5.0 计算向量自回归模型的各个参数。由于 VaR 模型对选择的滞后期比较敏感，计算时要遵循 AIC 和 SC 准则，首先确定滞后阶数，经计算，股票与定期存款的最优回归阶数为 2 阶，债券最优回归阶数为 1 阶，国内生产总值（GDP）的最优回归阶数为 3 阶，通货膨胀率回归阶数很难确定，使用第五章式（5.52）生成通货膨胀率数据。

表 7.3　　　　　　　三种投资品种的协方差矩阵

	股票	债券	定期存款
股票	0.000793	0000313	0.000422
债券	0.000313	0.000782	0.000410
定期存款	0.000422	0.000410	0.000694

对 5 种情景项进行 AR(p) 估计，估计结果见表 7.4。从估计的情况看，股票收益率估计结果的 R – squared 检验结果偏小，因此股票收益率采用第五章估计的式（5.36）。

二　模型求解

首先，我们需要计算 $CVaR$。假定 $p(y)$ 服从 $student-t$ 分布，并且从中选取样本进行蒙特卡洛模拟以获得投资组合回报率，然后计算给定置信度 α 的投资组合的回报率，两者之间的差就是 VaR。

根据表 7.4 对情景因素的模拟，抽取乱数 ε_t，模拟生成不同的情景，并代入 CVaR Expert 1.16 计算投资组合在不同的情景下的 $CVaR$。

其次，采用遗传算法求解模型（7.10），设定：
$Genetic\ Population = 50$，$Hereditary\ Agebras = 100$

模型（7.10）的参数设定见表 7.5。

表 7.4　五种情景项的估计方程

情景项目	估计方程	R^2
股票（收益率）	$r_{1t} = 0.251501 r_{1(t-1)} + 0.016660$	0.0609
债券（收益率）	$r_{2t} = 0.866317 r_{2(t-1)} + 0.004287$	0.8441
定期存款（利率）	$r_{3t} = 0.958018 r_{3(t-1)} - 0.157742 r_{3(t-2)} + 0.004663$	0.7927
GDP	$r_{4t} = -0.979613 r_{4(t-1)} - 1.063283 r_{4(t-2)} - 0.984391 r_{4(t-3)} + 0.230073$	0.8861
通货膨胀	式（5.52）	

表 7.5　　　　　　　　　模型参数

α	c	γ_1^B	γ_1^S	γ_2^B	γ_2^S	γ_3^B	γ_3^S	r_{12}	r_{22}	r_{32}
0.05	0.1	0.003	0.004	0.001	0.001	0	0	0.2	0.0342	0.0387

动态资产配置模型的最优数值解见表 7.6，表中数值代表在不同情景下各种资产配置的比例。

表 7.6　　　　　　　　　模型最优解

期间	情景	股票	债券	定期存款
起始时间 t_0 （2007 年 12 月 31 日）	l_0	0.2594	0.5044	0.2362
情景 1 t_1 （2008 年 3 月 30 日）	l_1^1	0.3497	0.3608	0.2895
	l_2^1	0.0735	0.7431	0.1834
	l_3^1	0.3603	0.5275	0.1672
	l_4^1	0.2277	0.2846	0.4877
情景 2 t_2 （2008 年 6 月 30 日）	l_1^2	0.1225	0.8176	0.0559
	l_2^2	0.2883	0.3972	0.3145
	l_3^2	0.2371	0.4559	0.3070
	l_4^2	0.2625	0.6498	0.0877
	l_5^2	0.1982	0.4770	0.3248
情景 2 t_2 （2008 年 6 月 30 日）	l_6^2	0.1037	0.4302	0.4661
	l_7^2	0.2709	0.5073	0.2218
	l_8^2	0.0034	0.3276	0.6690
	l_9^2	0.1115	0.6732	0.2153
	l_{10}^2	0.2633	0.5291	0.2076
	l_{11}^2	0.3270	0.5158	0.1572
	l_{12}^2	0.0910	0.6077	0.3013

表 7.7 给出了动态资产配置模型的最优解与实际解，以及模型解的期望值。中国太平洋保险公司在 2008 年 6 月 30 日实际持有资产总额为 2485.47 亿元。多阶段资产配置模型解出的最优解为 2553.337 亿元，模型的平均期望收益为 2500.525 亿元，这两个结果都高于实际值，由此证明本章建立的动态模型是有效的。

表 7.7　　　　2008 年 6 月 30 日资产配置最优解与
实际解的比较　　　　　　　　单位：百万元

	股票	债券	定期存款	期望收益
最优解	0.327	0.5158	0.1572	255333.7
实际解	0.1487	0.5568	0.2945	248547
动态多阶段资产配置的期望收益值				250052.5

第五节　本章小结

本章运用动态财务分析技术，在著名的动态资产负债管理模型 Russell - Yasuda - Kasai 的基础上，加入条件风险值与负债约束，构建了一个动态多阶段资产配置模型。首先建立了一个 2 阶段情景树，共计 12 种情景，选取股票收益率、债券收益率、定期存款利率、国内生产总值（GDP）增长率、通货膨胀率 5 种因素作为情景因素，并对其时间序列进行了模拟，其中股票收益率和通货膨胀率采用第五章的估计公式。然后用软件 CVaR Expert 1.16 计算了不同情景下的条件风险值。最后用遗传算法对模型求解，并得到最优解。为了验证模型的有效性，选取上市保险公司——中国太平洋保险有限责任公司的资产配置情况数据代入模型，验证的结果表明此模型的动态最优解优于公司实际资产配置结果，并且其均值也优于实际值。

第八章 结论与展望

动态财务分析（DFA）技术从出现至今不到 20 年的时间，其出现最早是为了满足非寿险企业动态资产负债管理的需要，但实际上这种动态分析技术的应用范围非常广泛，也可以用于：（1）战略资产配置；（2）资本配置策略制定；（3）市场策略制定和评估；（4）经营表现的评估；（5）定价决策；（6）产品设计；（7）再保险计划方案评估等领域。目前，动态财务分析技术在国外非寿险企业已经有了非常广泛的应用，但是在我国对其进行系统研究的成果还相对较少。

本书受到山东省社科规划项目（项目编号：11DJJJ08）、山东省教育厅人文社会科学研究计划项目（项目编号：J11WG16）的资助，主要研究了动态财务分析技术的相关模型，并对保险公司资产配置策略建立了条件风险价值约束下的动态模型。首先从宏观角度分析了保险业务存在的社会福利效应，建立了广义保险模型，然后研究了财产保险公司面对的各种风险，将其分为企业内部环境风险和企业外部环境风险，提炼出影响企业资产负债管理的关键风险因素；在风险分析的基础上，分别对企业的利率风险、通胀风险、市场收益率风险、损失风险、承保周期风险、再保风险进行模拟，形成动态财务分析的核心部分；在此基础上，给出财产保险公司财务报表主要会计科目的计算公式，并将资产负债表、现金流量表与利润表的主要项目进行了整合；最后，建立了一个条件风险价值约束下的多阶段动态资产管理模型，并进行了实证研究，模型运行结果表明，动态财务分析技术具有较为广阔的应用空间。

第一节　结论

本书按照提出问题、分析问题、解决问题的思路，采用理论研究与实证分析相结合，定性分析与定量分析相结合的研究方法，综合运用效用理论、社会交易成本理论、风险理论、计量经济学理论、多阶段动态规划等方法，对动态财务分析技术进行研究，重点研究了情景模拟模型，建立了适合我国保险公司需要的风险模拟路径，并将动态财务分析技术应用到战略资产配置领域。全书分七章进行论述，主要结论总结如下：

（一）研究了保险公司的本质以及社会福利效应

综合运用资本市场理论、契约理论、效用理论分析了保险公司的本质以及保险公司存在的社会福利效应。保险公司的本质：首先，保险公司首先是传统意义上的金融中介企业；其次，保险合同可以被视为具有现金流性质的特殊契约；最后，保险企业是建立在契约基础上的资产与负债均衡的统一体。因此，保险企业实际上在经济生活中发挥了风险转移中介、资产转换中介和交易中介的职能。通过对保险市场的社会福利效用函数的分析，得出结论：对于保险市场上的主体，投保人和保险人双方都可以获得社会福利效用的改善。

（二）对影响保险公司资产负债管理的关键风险因素进行了提炼

保险公司是风险积聚性企业，资产负债管理应该与其风险特征相匹配。本书对影响保险公司资产负债管理的风险因素进行了详细阐述，首先分析了保险公司的风险特征：（1）风险的双重性；（2）经营风险与财务风险的混合性；（3）风险波动性；（4）保险业务对环境的依赖性；（5）风险对资产负债影响的不对称性；（6）风险相关性。然后将保险公司面临的风险分为企业外部风险、企业内部风险，进一步筛选出了关键风险因素：利率风险、通货膨胀风险、市场收益率风险、资产价值波动风险、巨灾风险、再保风险以及承保周期风险，并分析了各个关键风险之间的相关关系，指出：利率风险与通货膨胀风险位于所有风险因素的上游；市场收益率水平与利率、通货膨胀率都有关；而资产价值波动风险与利率、通货膨胀率、市场收益率密切相关；巨灾风险与自然环境风险有关，是相对独立风险；承保风险与利率（特别是短期利率）、通胀率以及巨灾损失密切相关；再保风险不仅受巨灾风险影响，还受再保方式的影响。

（三）建立了适合我国保险公司动态资产配置需要的情景发生器

针对保险公司资产面和负债面涉及的各个关键风险，一一进行了分析，建立了各个风险的分模型，构成动态财务分析的核心部分——情景发生器。主要研究内容有：

1. 基于瓦西塞克模型的利率发生器

选取中国银行间同业拆借利率作为数据来源，根据瓦西塞克模型的要求，求解模型参数，得到瞬时利率模拟路径，并在此基础上得到长期利率模拟路径。

2. 通货膨胀风险发生器

通货膨胀风险是影响财产保险公司负债面的重要环境变量，也是保险公司保费收入增长、资产价格变化的重要参考变量。本书运用传统向量自回归（VAR）模型，建立了我国通货膨胀风险发生器，并对 1997 年 1 月到 2009 年 11 月的居民消费价格指数（CPI）数据进行回溯测试，模拟效果较好。

3. 市场收益率风险模拟

市场收益率包括固定收益型资产和权益型资产收益率，其中固定收益型资产的收益率容易预测，本书主要对权益型资产收益率进行了模拟。本书改进了法玛和弗兰奇提出的三因子模型，采用 2005 年 1 月至 2009 年 12 月中国 A 股市场共计 60 个月度收益率数据作为数据来源，计算了我国股票市场的风险溢酬因子 $r_M - r_f$、市值因子 SMB、账面市值比因子 HML，通过实证研究确定了模型参数，并选取某股票型开放式基金的月收益率数据，对投资收益率进行了估计。

4. 损失分布模拟

财产保险公司的损失可以分为非巨灾损失和巨灾损失，本书分别对其进行了阐述。非巨灾损失模拟主要从损失频率、损失程度、保单年龄现象三个方面建立模型；巨灾损失分布采用极值理论，用峰值超越门限法 POT，采用广义帕累托分布（GPD），对观测值中所有超过某一较大门限值的数据建立模型。

5. 再保险策略模拟

分别在均值—方差度量准则和期望效用最大化准则下，对财产保险公司常用的成数再保险策略和停止损失再保险策略建模，给出了最优再保险安排的解析解。

6. 承保周期风险模拟

本书采用二阶向量自回归方法，对承保周期风险进行估计，给出了承保周期存在的必要条件，以及承保周期长度的计算公式。

（四）建立了条件风险价值和负债约束下保险公司动态资产配置模型

运用动态财务分析技术，采用条件风险价值和负债约束，构建了一个动态多阶段资产配置模型。并选用国内一家上市保险企业的实际资产配置情况数据，验证了模型的动态最优解优于公司实际资产配置结果，并且其均值也优于实际值。

第二节　本书进一步研究的方向

尽管本书的研究取得了些许阶段性成果，但是对保险公司动态财务分析技术的研究，仅仅是个开始，加之本人能力水平有限，本书中涉及的许多问题还有待于今后进一步研究。

（1）本书在对巨灾损失建模中仅仅给出了计算方法，由于我国巨灾损失数据库还在完善中，巨灾损失数据一般是采用媒体公告统计数据，存在的问题是统计口径不统一，巨灾损失具体数额很难做到准确与客观。随着我国巨灾数据库的不断完善，用本书所述方法对我国巨灾风险数据进行拟合，可以作为今后模型完善的一个重要部分。

（2）本书未对我国保险业的承保周期做出实证研究，理由有二：一是国内已有学者对这一问题做了实证分析，得出了周期长度的估计值；二是我国保险业经营时间相对较短，时间序列数据相对较少，得出的周期结论很难验证其有效性，但这并不说明我国保险市场不存在周期性。探索这一研究领域新的研究方法可以作为今后继续研究的一个方向。

（3）本书的研究框架可以用计算机程序实现，由于本人并非计算机专业出身，而且本书的目的是对动态财务分析技术在保险公司动态资产配置领域进行理论探索与研究，因此没有把计算机合成应用作为研究内容之一。在今后模型进一步完善后可以考虑开发计算机应用程序，作为保险公司动态资产负债管理的辅助手段。

（4）对条件风险价值约束下的动态资产负债模型进一步完善。比如为简化计算，本书建立的动态资产配置模型的负债约束假定为常数，未来可将负债的动态性考虑在内，进一步优化模型结构，提高其在不确定环境下的预测能力，增强其实用性和鲁棒性，为保险公司动态资产配置提供一个有用的思路。

参考文献

郑木清：《机构投资者积极资产配置决策研究》，复旦大学出版社 2003 年版。

［美］兹维·博迪、亚历克斯·凯恩、艾伦·J. 马库斯：《投资学》（第五版），朱宝宪、吴洪、赵冬青译，机械工业出版社 2003 年版。

于立勇：《基于随机规划的动态投资组合选择》，博士学位论文，中国科学院数学与系统科学研究院，2004 年。

戴稳胜：《中国保险业资产负债建模分析》，经济科学出版社 2004 年版。

［德］迪特尔·法尔尼：《保险企业管理学》，张庆洪、陆新译，经济科学出版社 2002 年版。

姜青舫、陈方正：《风险度量原理》，同济大学出版社 2000 年版。

魏巧琴：《保险企业风险管理》（第二版），上海财经大学出版社 2002 年版。

谢志刚、韩天雄：《中国精算师资格考试用书：风险理论与非寿险精算》，南开大学出版社 2000 年版。